高性能汽车铝板制备新工艺

GAOXINGNENG QICHE LüBAN ZHIBEI XINGONGYI

任贤魏　著

武汉理工大学出版社
·武汉·

图书在版编目(CIP)数据

高性能汽车铝板制备新工艺 / 任贤魏著. -- 武汉 ：武汉理工大学出版社，2024. 8.
ISBN 978-7-5629-7212-9

Ⅰ. U465.2

中国国家版本馆 CIP 数据核字第 20247E9T70 号

项目负责人:雷红娟　　**责任编辑**:雷红娟
责 任 校 对:王　威　　**封面设计**:匠心文化
出 版 发 行:武汉理工大学出版社
社　　址:武汉市洪山区珞狮路 122 号
邮　　编:430070
网　　址:http://www.wutp.com.cn
经　　销:各地新华书店
印　　刷:武汉邮科印务有限公司
开　　本:787mm×1092mm　1/16
印　　张:11.25
字　　数:173 千字
版　　次:2024 年 8 月第 1 版
印　　次:2024 年 8 月第 1 次印刷
定　　价:79.00 元

前　言

汽车轻量化的发展趋势对汽车车身板以铝代钢提出需求。传统热轧法制造铝合金车身板的生产成本高,且板材成形性能差,这成为制约车身板以铝代钢的主要瓶颈,而铸轧法制造技术以低成本优势促进了其在6×××铝合金车身板制造领域的应用。鉴于铸轧法制造6×××铝合金板坯铸轧凝固成形难度大,通过调控后续不同冷轧工艺条件下板材的组织及织构以提高板材成形性方面的研究不足,热处理调控板材烤漆硬化性能的机制不明确,因此尚难以制造出低成本高性能铝合金车身板。本书以实现高成形性能和高烤漆硬化性能6016铝合金板材的低成本制造为目标,围绕汽车车身用6016铝板的铸轧法制造及组织、织构与性能的调控展开了深入论述。主要内容及结论如下:

(1)针对6×××系铝合金固液相变区间(ΔT)宽,铸轧凝固成形难度大的问题,借助理论计算,对6016铝合金成分方案展开了优化设计,研究了主/微合金元素对ΔT的影响规律,确定了适用于铸轧法制造6016铝合金板坯的成分方案,优化后的ΔT从120℃窄化至95℃。通过理论结合实验研究了6016铝合金铸轧工艺参数可行域,建立了铸轧区长度、铸轧速度和铝液温度协同调控板坯成形技术:铸轧区长度为48mm,铸轧速度为110~150mm/min,铝熔体温度为680~700℃,可以实现板坯凝固成形。

(2)针对调控对称轧制板材组织与织构实现成形性能强化的问题,通过黏塑性自洽模型(VPSC)模拟结合实验分析,研究了在考虑初始织构R-Cube条件下,织构随变形程度的演变规律,探明了变形后织构沿板厚度方向不均匀分布的特征。针对变形组织分布不均匀的问题,研究了预回复对板材组织与织构及性能的影响规律,揭示了预回复对板材组织均匀性的优化机制,建立了预回复工艺、组织均匀性、织构组态、性能间的关联关系。结果表明，预回复工艺为160℃、1h，板材固溶后的晶粒尺寸离散系数从原来的2.10降为1.34，组织均匀性得到提高，Cube织构组态被抑制，板材的平面塑性各向异性(Δr)从原来的0.10弱化至0.04，板面法向各向异性($\bar{r}$)值从原来的0.39提升至0.56。

(3)针对调控非对称轧制工艺优化板材组织与织构实现成形性能强化的问题，借助有限元模拟及实验分析，研究了非对称轧制工艺(异速比和变形几何参数)对板材剪切应变的影响规律，通过在VPSC模型中耦合仿真结果并结合实验验证，研究了道次压下量和不同道次间轧制方式对剪切织构的影响机制，探明了轧制过程中沿板厚度方向织构取向密度的演变规律，建立了通过非对称轧制工艺参数调控剪切织构沿板厚度方向均匀分布的技术：异速比1.8，道次压下量0.2mm，道次间绕轧向旋转180°，获得的F{111}＜112＞剪切织构取向密度沿板厚度方向分布最强。

(4)铸轧板坯完成非对称轧制后，通过准原位EBSD表征，研究了再结晶退火过程中剪切织构的生长机制，发现具有F取向的晶粒通过消耗变形区和Copper取向晶粒完成晶核生长；研究了异速比对板材再结晶行为及性能的影响规律，建立了异速比、晶粒尺寸、织构组态、性能间的关联关系。结果表明，异速比从1.0增大到1.8时，板材固溶后的晶粒组织从40.31μm细化至23.00μm，晶粒尺寸离散系数从原来的2.10降为1.18，组织均匀性得以提高，织构组态从原来的{111}面织构(6.38%)和Cube(9.16%)优化为{111}面织构(14.10%)和Cube(5.23%)，板材的Δr值从0.10减小至0.05，$\bar{r}$值从0.39增大至0.98。与热轧法制造的铝合金板材$\bar{r}$值(0.59)相比，铸轧板坯经非对称轧制后其成形性能得到显著提升。

(5)针对热处理调控板材烤漆硬化性能机制不明确的问题，研究了预时效工艺对板材自然时效行为和硬化行为的影响规律，探明了预时效工艺对板材烤漆硬化性能的影响机制，建立了通过预时效工艺提高板材烤漆硬化性能的技术。实验结果表明，预时效处理的板材烤漆前后的屈服强度差值$\Delta\sigma_s$可以达到100MPa左右，板材烤漆硬化性能得到显著提升。

本书的研究成果丰富了汽车用6×××系铝合金外板制备理论及方法，

书中涉及的组织、织构调控性能思路可为相似应用领域金属板材制造提供重要参考。部分图片对应彩图以二维码的形式置于图旁。

由于作者时间和水平有限，书中难免有疏漏之处，敬请读者批评指正。

任贤魏

2024 年 4 月

目　录

1 绪 论

1.1 研究背景

随着我国交通运输行业的飞速发展，汽车保有量大幅增加，截至 2020 年底，国内汽车保有量约 6.3 亿辆，其年耗油量达 3000 万吨。快速增长的汽车用量对我国的石油安全及环境保护提出挑战。基于此，生态环境部、国家市场监督管理总局规定，自 2025 年 7 月 1 日起，全面实施《轻型汽车污染物排放限值及测量方法(中国第六阶段)》[1]排放标准，规定油耗降至 5.0L/百公里。同时，由于环保标准的提升及城市限行政策，新能源汽车的市场需求量剧增。燃油车的节能减排及新能源汽车的高续航里程、高舒适性对汽车轻量化制造提出需求。

采用轻量化材料减重是燃油车实现节油降耗的重要途径，汽车自重每减轻 10%，可实现节油 8%[2-11]。汽车车身自重约占汽车总重的 30%，由于铝的密度为 2.7g/cm^3，远低于铁的密度 7.9g/cm^3，使用铝合金板材代替传统钢板，车身可以有效减重 40%～50%，整车减重约 12%～15%[12,13]。同时，根据美国铝业协会的相关数据，每代替钢使用 1kg 铝，轿车寿命期内减排放 20kg 尾气。因此，使用铝合金车身板可有效降低车辆在使用周期内的油耗及尾气排放量。同时，使用轻量化汽车车身板材料可以有效提升新能源汽车的续航里程，并进一步拓宽其应用范围。因此，实现以铝代钢成为全世界汽车产业的发展方向。欧洲国家的汽车产业较为发达，经统计，2019 年欧洲乘用车生产量约为 1667.6 万辆，全年铝薄板用量约为 56.7 万吨，单车铝薄板用量约为 34kg。预计到 2025 年，车身用铝薄板需求量达 68.6 万吨。预计在

2028年,乘用车车身用铝薄板需求量约为78.5万吨。而我国作为汽车生产制造大国,在2019年生产乘用车约2572.1万辆,全年铝合金乘用车车身板用量约为12.0万吨,单车铝薄板用量约为4.7kg,远低于欧洲等国的铝薄板单车用量。

综上分析,铝合金汽车外板在国产轿车上的使用率低,我国汽车产业的轻量化进程严重滞后。"中国制造2025"明确提出"继续支持电动汽车、燃料电池汽车发展,提升轻量化材料的工程化和产业化能力,推动自主品牌节能与新能源汽车同国际先进水平接轨"。因此,铝合金汽车板在国内市场具有相当大的发展空间。政策与市场的双重导向在推动汽车轻量化的同时,对发展低成本高性能铝合金汽车外板制造技术也提出了需求。

1.1.1 铝合金汽车车身板的性能要求及评价方法

汽车车身覆盖件的制造主要分为板材制造、冲压成形和烤漆硬化处理三大模块。经轧制成形和热处理成性制造的板材,在进行后续冲压成形时,要求板材具有优异的成形性能;板材在冲压成形后进行短时烤漆处理,要求板材同步实现硬化。成形性能优异的板材在冲压时可以避免开裂、回弹、表面损伤等问题,进而提高板材的成品率,降低制造成本。同时,板材的烤漆硬化性能越高,制造出的板材其表面抗凹性越好。因此,发展高成形性和高烤漆硬化性的汽车车身板制造技术,是实现后续加工过程中高质量冲压成形和高烤漆硬化响应的基础,同时,也是协同调控汽车车身艺术造型、结构和强度的关键。

基于汽车车身板高成形性和高烤漆硬化性需求,改良后的无间隙原子钢(IF钢或BH钢)由于其极优异的深冲性能和较高的烤漆硬化性响应,在汽车车身板制造领域的应用较为广泛。然而,随着汽车工业轻量化进程的推进,以铝代钢成为汽车车身板发展的必然趋势。与钢板相比,尽管铝合金具有高的比模量,但是铝合金的弹性模量(约70GP)远小于钢铁(180～230GP),若用铝合金简单地替换钢结构,其断面厚度需增大44%才能满足性能需求。在实际制造时,由于封装的限制,不允许铝合金构件有厚断面,而工业上一般采用复杂的多圆锥体结构来减小断面厚度,结合烤漆硬化处理,使得终态产品实现轻量化的同时,其性能也能符合设计要求。这些复杂结构设计和较高的产品性能标准要求铝合金板材具有更为优良的冲压成形性能以及较高的烤漆硬化性能。因此,铝合金汽车车身板制造技术的发展重点是提升板材成形性和烤漆硬化性。

评价冲压前板材成形性能的方法主要包括拉伸试验的塑性应变比(r 值)和极限深冲比(LRD)。r 值通常用来描述板面法向各向异性($\bar{r}$)和平面塑性各向异性(Δr)。具体计算公式如下:

$$r = \frac{\varepsilon_w}{\varepsilon_t} \tag{1-1}$$

式中ε_w和ε_t分别代表拉伸试样宽度方向和厚度方向的真应变。

$$\bar{r} = \frac{r_0 + 2r_{45} + r_{90}}{4} \tag{1-2}$$

$$\Delta r = \frac{r_0 - 2r_{45} + r_{90}}{4} \tag{1-3}$$

式中r_0、r_{45}和r_{90}分别代表板平面内与轧向(RD)呈 0°、45°和 90°方向的塑性应变比。通常在评估板材的成形性能时,检测其 $\bar{r}$ 值和 Δr 值。$\bar{r}$ 值体现了板材抵抗减薄能力的强弱,直接反映板材的成形性,其值越大,板材的成形性越好;Δr 表示平面内不同方向 r 值的差异,大 Δr 对板材的成形不利,最典型的例子就是制耳效应。此外,Whiteley[14]、Lee[15]提出了 LRD 与 r 值间的数学关系,中南大学唐建国[16]通过对上述关系的分析,得出 LRD 值随 r 值的增大而增大的规律。因此,本书以 r 值作为评价板材成形性的主要指标。

根据表 1-1 可知,铝合金板材的主要成形性能指标均小于 IF 钢的,然而对于制造结构更为复杂的铝合金构件而言,要求板材在冲压成形前具有优良的成形性。因此,发展铝合金汽车车身板制造技术使其成形性($\bar{r}$ 值)显著提升是本书的主要研究目标之一。

表 1-1 热轧法制造铝合金汽车外板与 IF 钢板成形性能对比[17]

合金	$\bar{r}$	杯突值/mm
6009-T4	0.70	9.7
6016-T4	0.70	10.2
6111-T4	0.72	8.4
IF steel	1.39	11.9

衡量板材烤漆硬化性能的方法主要是检测板材在烤漆前后的力学性能变化，一般用硬度差值（ΔHV）和屈服强度差值（$\Delta\sigma_s$）来表示。在烤漆前，为了保证板材冲压时的成形精度，要求板材具有较低的力学性能；在烤漆后，为了使得板材具有较好的表面抗凹性，要求板材具有较高的力学性能。烤漆前较低的力学性能在烤漆后得以显著提升，其差值表示板材的烤漆硬化响应能力。对于改良后的IF钢，其烤漆前后的屈服强度差值为40～60MPa。对于一般的6×××系铝合金板材，经过热处理后其烤漆硬化性能均可以达到甚至超过IF钢[18,19]。基于成品汽车车身板对性能的更高需求，通过调控热处理工艺进一步提升铝合金板材的烤漆硬化性能是本书的主要研究目标之二。

1.1.2 汽车车身板用铝合金的发展历程

目前广泛应用于汽车车身板的铝合金材料主要集中于5×××(5182、X5020、X5085和5083)和6×××(6005、6009、6010、6016、6022和6111)两种合金系列，具体合金成分如表1-2所示。5×××系合金具有良好的成形性，因此多用于形状较为复杂的汽车内板，其缺点是不可热处理强化，成形后板材强度低，同时容易在加工过程中出现吕德斯线，降低了板材的表面质量。而6×××系铝合金由于可实现热处理强化，且综合性能优异，得以快速发展。

表1-2 常见铝合金汽车车身板材的成分（质量分数，%）

牌号	Si	Fe	Cu	Mn	Mg	Cr	Zn	Ti	Al
5182	0.20	0.35	0.15	0.20～0.50	4.0～5.0	0.10	0.25	0.10	Bal.
X5020	0.08	0.10	0.10	0.05～0.15	1.3～1.8		0.05		Bal.
X5085	0.30	0.40	0.15	0.20	5.8～6.8	0.20	0.20	0.10	Bal.
5083	0.40	0.40	0.10	0.40～1.0	4.0～4.9	0.05～0.25	0.25	0.15	Bal.
6005	0.6～0.9	0.35	0.10	0.10	0.40～0.6	0.10	0.10	0.10	Bal.
6009	0.6～1.0	0.50	0.15～0.6	0.20～0.8	0.40～0.8	0.10	0.25	0.10	Bal.
6010	0.8～1.2	0.50	0.15～0.6	0.20～0.8	0.6～1.0	0.10	0.25	0.10	Bal.
6011	0.6～1.2	1.0	0.40～0.9	0.8	0.6～1.2	0.30	1.5	0.20	Bal.
6016	1.0～1.5	0.50	0.20	0.20	0.25～0.6	0.10	0.20	0.15	Bal.
6022	0.8～1.5	0.2	0.01～0.11	0.02～0.10	0.45～0.7	0.10	0.25	0.15	Bal.
6111	0.6～1.1	0.4	0.50～0.9	0.10～0.45	0.5～1.0	0.10	0.15	0.10	Bal.

6×××系铝合金汽车板的主要牌号分为北美(6111、6022 等)和欧洲(6016)两大类。美国于 1976 年研发出 6009 和 6010 铝合金,其板材经固溶水淬并自然时效处理后,具有较好的烤漆硬化性能,同时,保证了合金的耐蚀性和焊接性能。但是,该牌号的板材弯边性能较差。北美国家在 1982 年联合研发了高 Cu 的 6111 铝合金,该合金在原来的 6009 基础上提高了 Cu 和 Mg 含量,极大提升了板材的烤漆硬化性和成形性。同时,研究人员于 1995 年在优化 6111 合金成分的基础上,研发了 6022 铝合金,该合金具有较好的成形性和耐蚀性。欧洲国家在 1984 年研发出了 6016 铝合金,该合金在 6111 铝合金基础上,又降低了 Cu 和 Mg 含量,但是提高了 Si 含量,6016 板材具有良好的成形性、耐蚀性和烤漆硬化性。

基于 6016 铝合金板材固溶处理后屈服强度较低,具有良好的冲压成形性,在烤漆处理后具有良好的烘烤硬化响应能力等优异的综合性能[20-30],本书主要针对 6016 铝合金汽车车身板制造技术展开论述。

1.1.3 传统热轧法制造 6×××系铝合金汽车车身板面临的主要难题

目前国内外制造 6×××系铝合金板材的主要方法是热轧法,其工艺流程是:铸造—均热处理—铣削—铸锭预热—热轧—中间退火—冷轧—热处理。根据表 1-1 所示,热轧法制造 6×××系铝合金板材面临的主要难题是其成形性能指标 $\bar{r}$ 值远低于 IF 钢。相关研究表明,多晶材料晶粒取向的统计分布状态(即晶体学织构)对板材的室温成形性能尤其是 r 值的影响显著,如表 1-3 所示[31]。而板材冲压成形前的织构主要以热处理后的织构为主。因此,板材的 $\bar{r}$ 值取决于制造终了板材的织构组态。

由于铝及铝合金具有面心立方(FCC)晶体结构以及较高层错能,在轧制过程中主要通过激活{111}<110>滑移系来协调变形,如图 1-1 所示。对于热轧法制造的铝合金板材而言,在热轧过程中主要形成沿 β 取向线分布(Copper{112}<111>、S{123}<634>和 Brass{011}<211>)和沿 α 取向线分布(Goss{011}<100>和 Brass{011}<211>)的晶粒择优取向。同时,由于板材在再结晶温度以上变形,热轧板坯还形成了以 Cube 为主的再结晶织构[32-34]。继续冷轧变形时,在平面压缩应变状态下,轧制织构被持续强化。

表 1-3　FCC 材料中主要织构对应的塑性应变比 r 值

织构名称	米勒指数 {hkl}<uvw>	欧拉角/°			塑性应变比 r 值		织构类型
		φ_1	φ	φ_2	$\bar{r}$	Δr	
Copper	{112}<111>	90	35	45	3.4	−5.7	对称轧制 β 取向线类织构
S	{123}<634>	59	34	65	2.9	−5.1	
Brass	{011}<211>	35	45	0	4.7	−8.1	
D	{4411}<11118>	90	27	45	1.8	−3.3	
r-Cube	{001}<110>	0	0	45	0.5	−1	γ 取向线类剪切织构
E	{111}<110>	60	54.7	45	7.2	−0.5	
F	{111}<112>	90	54.7	45	7.3	−0.8	
Cube	{001}<100>	0	0	0	0.5	1	再结晶织构
Goss	{110}<001>	0	45	0	15	30	
R	{124}<211>	53	36	60	1.9	−1.2	
P	{011}<112>	65	45	0	2.8	1.6	

同时，热轧后形成的 Cube 取向晶粒逐步形成 Cube 变形带[32,35,36]，其晶粒取向绕 RD 旋转到 Goss 取向，随着变形程度的进一步增加，晶粒取向沿 α 取向线流向 Brass 取向。在随后的热处理过程中，再结晶织构基于变形终了的轧制织构组态完成形核和长大，即 Cube 变形带促进了 Cube 织构的生长。因此，板材热处理后的主要再结晶织构组分主要有 Cube{100}<001>、Goss{011}<001>和 R{124}<211>。工程化热轧法制造 6016 铝板固溶水淬后的织构如图 1-2 所示，其中 Cube 织构的取向密度最高。Engler[37]等人的研究表明 Cube 织构显著削弱了 6××× 系板材的 $\bar{r}$ 值。同时，由于具有 Cube 取向的再结晶晶粒具有优先形核长大的趋势，因此，该取向的晶粒尺寸偏大，导致板材再结晶组织的不均匀分布[32,38]。不均匀的组织显著影响板材的性能[39]。

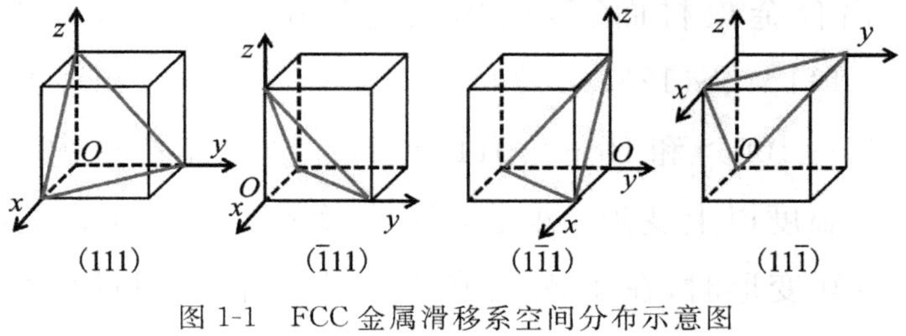

图 1-1　FCC 金属滑移系空间分布示意图

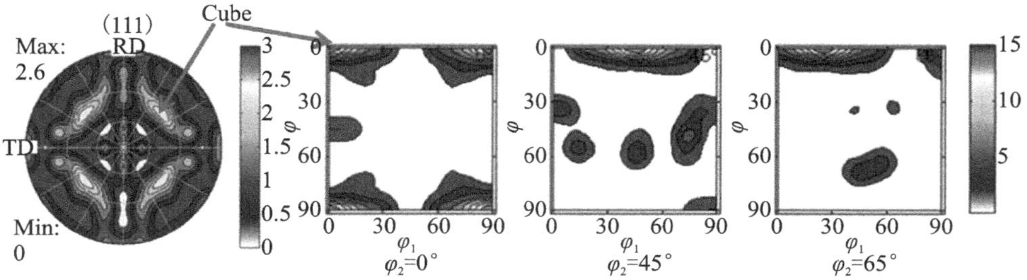

图 1-2　工程化热轧法制造的 6016 铝板固溶水淬后的织构极图和部分取向分布函数图

对于具有体心立方(BCC)晶体结构的低碳钢而言，在室温轧制过程中主要启动{110}<111>滑移系，其变形织构和再结晶织构均以{111}面织构为主。Hu[40]、Utsunomiya[41,42]、Sidor[31,43]和 Kim[44,45]等人研究表明，{111}面织构有利于提高板材成形性。因此，热轧法制造铝合金板材的 $\bar{r}$ 值为 0.6～0.8，而低碳钢板的 $\bar{r}$ 值可以达到 1.39。

综上，热轧法制造的铝合金汽车车身板形成的典型再结晶织构组态(主要是 Cube 织构)和不均匀再结晶组织削弱了 6×××系铝合金汽车车身板的成形性能，特别是其 $\bar{r}$ 值只为低碳钢板的 50%。由此可知，热轧法制造铝合金板材的低成形性是制约汽车板实现以铝代钢的原因之一。

此外，目前国内外采用的热轧法制造铝合金汽车外板，其生产流程长、工序复杂、生产能耗高，完成这些工艺需要配套相关的设备和人工。这些必备的生产要素直接增加了铝合金汽车车身板的生产成本。据统计，铝合金汽车板的造价是钢板的 4 倍以上。因此，热轧法制造铝合金板材的高成本是制约汽车板实现以铝代钢的原因之二。

综合上述分析，与钢板相比，热轧法制造铝合金汽车车身板高成本低成形性的特征显著阻碍了汽车板以铝代钢的轻量化发展进程。因此，急需开展铝合金汽车车身板低成本高成形性制造技术的研究。

1.2　研发铸轧法制造铝合金汽车车身板的意义

铝合金铸轧板坯制备的示意图如图 1-3 所示，铝合金熔体通过倒流装置经铸嘴直接进入辊缝，铸轧辊内部装有冷却水系统，铝液流经辊缝时几乎同步完成凝固与板坯成形。铸轧法制造板材的工艺流程是:铸轧—冷轧—热处理。与热轧法相比,铸轧法具有制造流程短、工艺环节少的特点。由于省去了多道加热工序,在生产相同吨位的板材时,耗能较少,如表1-4所示。铸轧法每生产1t铝合金板材,可以节电600kW·h,相当于节约标煤315kg,这意味着减少了CO_2、SO_2、氮氧化物等的排放,属于绿色制造技术。同时,根据行业统计数据,铸轧法可以减少废铝重熔的烧损率(2%),具有显著节约铝资源的效果。此外,铸轧后的板带坯料切头、切尾的废料少,产品成材率较高;铸轧设备所需的资金投入较少,见效快,占地面积较小,建设速度较快,适合于中小型铝板带材工厂的建设;汽车车身板用的6×××系铝合金与市场用量最大的建筑铝模板同属一个系列,回收的废铝可以当作原料,可有效降低生产成本,在市场竞争中具备价格优势[46,47]。

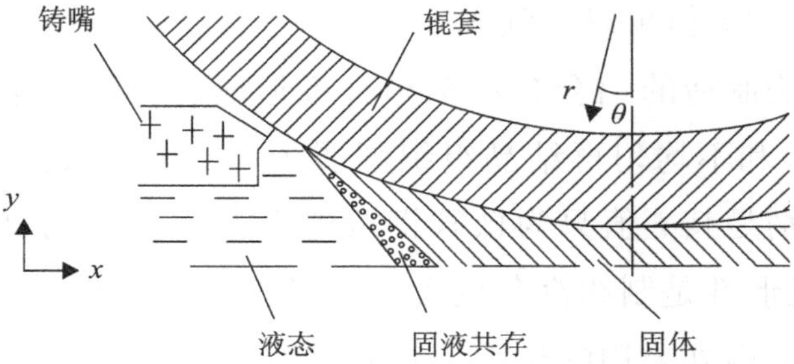

图1-3 铸轧法制造铝合金板坯工艺流程示意图[48]

表1-4 热轧法与铸轧法制造铝合金板材的能耗对比

序号	热轧法工艺流程/耗电量/[(kW·h)/t]		铸轧法工艺流程/耗电量/[(kW·h)/t]	
1	铝锭	50	铝锭	50
2	重熔	850	重熔	850
3	铸锭	50	—	—
4	铣面	50	—	—
5	加热	300	—	—
6	热轧	400	铸轧	200
7	冷轧	100	冷轧	100
8	热处理	50	热处理	50
	合计	1850		1250

由此可知，基于热轧法制造铝合金汽车车身板成本高的现状，研发铸轧法制造技术是实现低成本制造铝合金汽车车身板的重要途径。本书主要围绕 6016 铝合金铸轧制坯—铸坯冷轧—热处理展开研究，以调控板材的组织、织构和析出相为主线，结合 1.1.1 节提出的性能要求，实现铸轧法制造铝合金汽车车身板的高成形性和高烤漆硬化性。

1.3 铸轧法制造铝合金汽车车身板的研究现状与面临的挑战

目前使用铸轧法制造的铝合金板材主要是 1×××、3×××和 5×××系铝合金，这些合金体系的固液相变区间较窄，一般不超过 100℃，如 1050 合金的固液相变区间为 76℃，3003 合金的固液相变区间是 92℃；而 6×××系铝合金的固液相变区间较宽，如 6016 合金为 125℃，6111 合金为 145℃，如图 1-4 所示。同时，在铸轧制造 6×××系铝合金时，受限于目前广泛使用的钢轧辊套导热速率，铝液在通过辊缝时难以瞬时凝固，使得 6×××系铝合金铸轧制坯时凝固成形困难。因此，与传统热轧法制造汽车车身用铝合金板材的研究相比，初始板坯制备难度大导致铸轧法制造 6×××系铝合金板材的研究不充分，尤其鲜有关于后续冷轧工艺调控板材组织与织构及其对成形性影响的研究。本书根据国内外学者对 6×××系铝合金汽车车身板的研究现状，按照铸轧制坯—铸坯冷轧—热处理三个工艺流程分别展开论述。

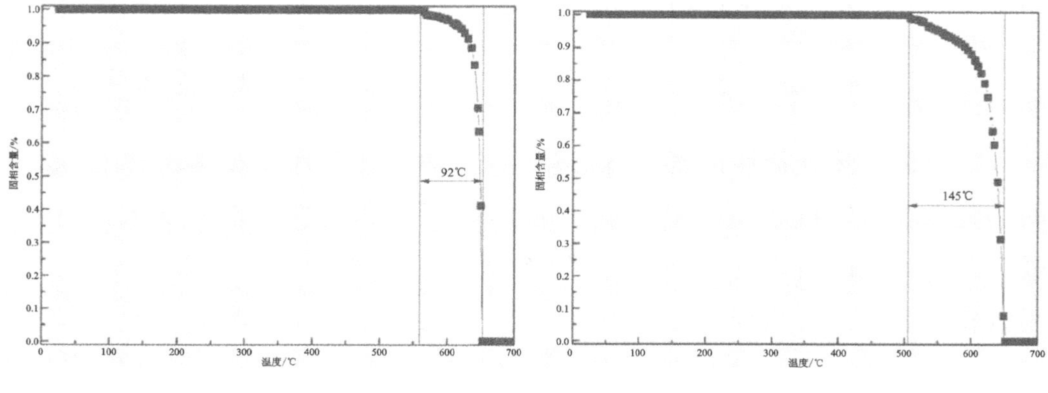

(a)　　　　　　　　(b)

图 1-4　3003 铝合金与 6111 铝合金固液相变区间

(a)3003 铝合金；(b)6111 铝合金

1.3.1 铝合金汽车车身板铸轧制坯的研究现状及面临的挑战

由于铸轧法制造铝合金板材具有较高的经济、社会和生态价值，国内外学者开展了一些研究工作。Kim[49]采用高速双辊铸轧机制备6022铝合金时发现铸轧板坯易出现中心裂纹。Sun[50]等人制备的Al-1.0%Mg-1.2%Si铸轧板坯中心偏析比较严重。出现上述现象的主要原因是6×××系铝合金较宽的固液相变区间使得晶粒组织在辊缝间的凝固时间长。同时，由于辊缝间温度场、流场以及应力-应变场不均匀，使得铝液在经过辊缝时在靠近轧辊的表层凝固速率快，远离轧辊的中心层凝固速率慢，最终使得铸轧坯料出现中心裂纹和中心偏析[51,52]。Zuhailawati[53]研究了铸轧工艺参数对Al-Mg-Si合金凝固行为的影响。研究表明，虽然通过调整铸轧工艺参数以及添加外能场可以制备出6×××系铝合金铸轧板坯[50]，但是，铸轧过程中的铸轧速度、铝液温度、铝液流速、冷却强度四个参数及耦合外能场使得铸轧工艺调控较复杂，通过调控铸轧工艺实现坯料缺陷抑制及组织均匀的难度较大。

综上所述，由于较宽的固液相变区间导致铸轧板坯凝固成形难度大、组织不均匀以及铸轧工艺调控复杂，因此，展开合金成分优化设计实现固液相变区间的窄化并探明适配的铸轧工艺参数是铸轧法制造6×××系铝合金板材面临的挑战之一。针对6×××系铝合金板坯固液相变区间宽的现状，本书拟通过合金成分优化设计，借助相图计算，展开合金元素含量对板材固液相变区间影响规律的论述，具体见第2章。

1.3.2 铸轧法制造6×××系铝板冷轧工艺的研究现状及面临的挑战

针对传统热轧板坯而言，其制造过程包括铸锭开坯及多道次热轧，获得的热轧板坯料以再结晶组织为主。同时，由于累积塑性变形程度大，使得沿板坯厚度方向的组织均匀性较好，经冷变形后，其板材终态的晶粒细密。采用铸轧法制造铝合金板材坯料时，铝液通过铸轧辊缝实现凝固成形，板坯呈现中心对称的粗大凝固组织，制备的板坯厚度一般为4～7mm。同时，由于辊缝间温度场及流场分布不均匀，使得坯料初始组织沿板厚度方向分布不均匀且初始织构复杂。铸轧坯料继续轧制变形，其终态板材的整体塑性变形程度远小于热轧法制造的板材。因此,与热轧法制造的板材相比,通过冷轧变形调控铸轧法制造板材的组织及性能难度大、手段有限。

目前,铝合金板材的轧制工艺研究比较成熟,根据应变状态可将冷轧工艺分为两类:一类是具有平面压缩应变状态的对称轧制;另一类是具有平面压缩应变耦合剪切应变状态的非对称轧制。本节通过综述不同冷轧工艺对板材组织/织构组态影响,板材变形织构演变的模拟方法,以及不同冷轧工艺对板材组织/织构不均匀性的影响,结合铸轧法制造6×××系铝合金汽车车身板的研究现状,明确本书的研究重点。

(1)冷轧工艺对板材织构的影响

对于常规的对称轧制而言,铝合金板材在对称轧制变形过程中,受到平面压缩应变,其板材内部的速度可用式(1-4)表示。变形后,基体晶粒取向靠近β取向线和α取向线,如图1-5所示[54-63]。借助X射线检测技术可定量分析变形/再结晶板材的宏观织构,通过极密度的测定获得织构取向分布函数图和取向线[64]。对称轧制板材时,在低应变量状态下,铝合金晶体取向转到β取向线附近;当变形量达到50%时,晶粒取向转向α取向线上的G取向和β取向线上的C取向及S取向;随着变形量达到80%,晶体取向主要聚集在β取向线上[54-56,64]。结合1.1.3节的论述,冷轧态板材完成再结晶后,主要形成以Cube、R和Goss织构为主的再结晶织构。

$$L_{CR}=\begin{Bmatrix} \dot{e_{11}} & 0 & 0 \\ 0 & 0 & 0 \\ 0 & 0 & \dot{e_{33}} \end{Bmatrix} \tag{1-4}$$

$$L_{ASR}=\begin{Bmatrix} \dot{e_{11}} & 0 & \dot{e_{13}} \\ 0 & 0 & 0 \\ 0 & 0 & \dot{e_{33}} \end{Bmatrix} \tag{1-5}$$

其中,L_{CR}表示平面压缩应变的速度梯度,L_{ASR}表示平面压缩应变耦合剪切应变的非对称轧制速度梯度,$\dot{e_{11}}$、$\dot{e_{33}}$为正应变变化率,$\dot{e_{13}}$为剪应变变化率,角标1、2、3分别表示板材的法向(Normal direction,ND),横向(Transverse direction,TD)及轧向(Rolling direction,RD)。

非对称轧制板材时,板材受到平面压缩应变与耦合剪切应变的综合作

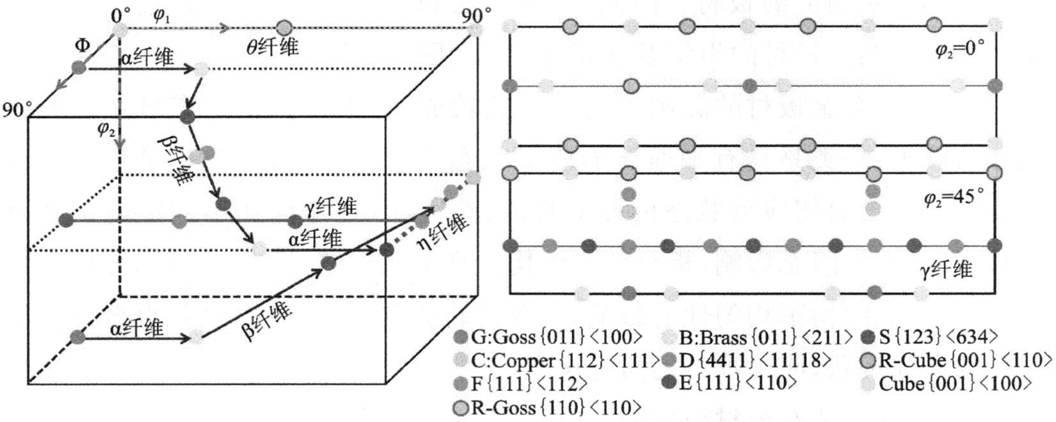

图 1-5　FCC 金属织构及取向线空间分布以及 $\varphi_2=0°$ 和 $\varphi_2=45°$ 时的取向分布函数(ODFs)图

用,板材受到的累积塑性应变高于同等条件下的对称轧制,其板材内部的速度可用式(1-5)表示,部分变形晶粒呈现出沿 γ 取向线分布的剪切织构特征(E{111}<110>、F{111}<112>)[65,66]。国内外诸多学者研究了实现非对称轧制的工艺方法,主要包括异步轧制、异辊径轧制、楔形轧制、单辊驱动轧制以及蛇形轧制[42,67-71],其中由于异步轧制对设备的要求比较低,可以通过改造对称轧机实现。针对异步轧制条件,变形工艺对板材剪切变形和剪切织构影响的研究较为成熟。Kim[44]、Lee[72]等人研究了异步轧制时,道次压下量、每道次改变剪切方向、最后道次的压下量以及改变最后道次的剪切方向等轧制工艺对变形和退火剪切织构{111}、面织构({111}//ND)及晶粒组织的影响。研究表明,非对称轧制引入的剪切变形可以发展和强化{111}//ND 织构[70],同时细化板材晶粒组织[73]。在异步轧制过程中,对称轧制织构逐步转向剪切织构({111}//ND 和 R-Cube),其剪切织构强度取决于剪切变形强度,同时,剪切织构受道次变形量和翻转剪切方向的影响显著[31]。非对称轧制板材完成再结晶后,部分剪切织构通过连续再结晶机制得以保留[72]。因此,与对称轧制相比,非对称轧制引入的剪切应变显著改变了板材的变形织构和再结晶织构组态,同时,调控非对称轧制工艺会影响板材的剪切变形和剪切织构。

(2)变形织构模拟研究进展

为了进一步揭示平面压缩变形过程和平面压缩变形耦合剪切变形过程中晶体取向的变化以及织构的形成机制,国内外诸多学者展开了变形织构的计算机模拟研究，并提出了多种理论模型。这些理论模型的发展方向是：在模拟多晶体塑性变形时，通过提出不同的假设，概括性估计晶粒变形时其周围的环境，尽量使模型接近实际变形过程。萨克斯(Sachs)模型[74]（又称为应变无约束模型，NC 模型）提出的假设是基于轧制变形时，每个晶粒承受相同的应力，但是该模型忽略了晶界处应变张量的不连续性，没有限制各晶粒的切应变，在计算织构分布时，95%轧制后织构主要聚集在 β 取向附近。泰勒(Taylor)模型[75]（又称为应变全约束模型，FC 模型）提出的假设是基于轧制变形时，每个晶粒承受相同的应变张量，但是该模型忽略了各晶粒间应力状态的不连续性，在计算织构分布时，95%轧制后织构主要聚集在 C 取向附近。Wu[76]等人通过 Taylor 模型来计算板材的成形极限。Lee[77]等人在平面压缩应变耦合剪切应变条件下，使用全约束 Taylor 理论进行了变形织构模拟。部分学者提出了改进模型，即应变部分约束模型[64]（PC 模型），该模型按照取向因子的大小，考虑减少切应变的附加滑移系，减少了多晶体应变张量的不连续性。该模型兼顾了应力和应变的连续性，在计算 95%变形后的铝板轧制织构组分时，同时获得了 C 取向和 B 取向，与实际检测结果更接近。Kröner[78]等人在 NC 模型和 FC 模型的基础上，结合晶粒间交互作用，提出同时满足几何协调和应力平衡条件的自洽模型(Self-consistent，SC 模型)，但该模型受限于多晶体复杂的应力应变本构模型及多次迭代求解。

目前，在多晶体材料大塑性变形中运用较为成功的是 Lebensohn[79]等人提出的黏塑性自洽模型(Visco-plastic Self-consistent，VPSC 模型)。该模型广泛应用于铝合金材料在平面压缩应变以及简单剪切应变等塑性变形行为及织构演变的模拟。Gu[80]、Choi[81]和 Pandey[82]等诸多学者通过 VPSC 及其改进模型研究了 FCC 材料的变形行为、组织及织构，其模拟结果与实验结果较为接近。Signorelli[83]等人基于 VPSC 研究了 FCC 合金的织构和成形极限值。Ma[84]等人通过 VPSC 模拟了织构的演变，并计算了变形织构的旋转轴和取向差。Tamimi[85]等人借助有限元仿真，研究了非对称轧制工艺参数对沿板材厚度方向剪切变形的影响，通过 VPSC 模型预测了织构的演变及不同轧制工艺条件下板材的力学性能，获得的实验结果与模拟结果相符。综上，VPSC 模型的使用和验证表明，该模型对于模拟铝合金材料在不同加载方式下织构演化的适用性较好。

本书借助 VPSC 模型展开平面压缩变形过程和平面压缩变形耦合剪切变形过程对织构的影响，理论结合实验，解析板材在不同应变状态下变形织构的演变机制，为调控织构强化板材成形性提供理论支撑。

(3)冷轧工艺对组织/织构不均匀性的影响

相关研究表明，在对称轧制过程中，板材沿厚度方向的变形组织及织构分布不均匀[68,70,86-88]。具体表现为轧制变形过程中由于应变的不均匀分布导致位错的局部塞积，进而产生晶内、晶界以及第二相周围晶格的不均匀旋转和取向不均匀分布，该不均匀性使得板材再结晶后的晶粒组织尺寸差异大。引起该不均匀性特征的主要因素是：

①板面与辊面接触摩擦引起应变分布不均匀。Mishin[86,89]等人的研究表明，铝合金板材在冷轧时沿厚度方向出现应变梯度，在变形时激活的滑移系不同，使得不同板厚处的织构和微观组织差异大。

②轧制变形历史决定变形不均匀。Choi[90]等人研究发现，引起织构沿厚度方向不均匀分布的主要原因是板料从入口到中性点的变形不均匀，变形结束后在板材中心层出现典型的 Copper 轧制织构，而在表层出现剪切织构。

③变形几何参数（轧辊/轧件接触弧长与板材厚度的比值：l/d）或道次压下量影响变形组织和织构的不均匀性。在小道次压下量时，板表层和次中层出现明显的剪切组织和剪切织构[86,89]，而在中心层主要形成轧制织构，变形后的板材沿板厚度方向具有明显的织构梯度。

④初始晶粒取向引起晶格旋转不均匀。Delannay[91]等人的研究表明，具有初始 Cube 取向和绕 RD 旋转的 Cube 取向{025}<100>的晶粒在变形后形成的取向梯度达到 10～20μm，且晶界处的取向梯度大于晶内，使得板材变形后的微观组织不均匀[92]。

针对对称轧制导致组织及织构的不均匀，相关学者研究发现通过非对称轧制引入剪切变形，可以提高基体变形组织的均匀性。Yang[71]等人借助有限元仿真和实验研究表明，板材通过非对称轧制累积塑性应变，提高了沿板材厚度方向的应变分布和组织均匀性。Li[66]等人研究发现，蛇形轧制引入了沿厚度方向分布更为均匀的剪切应变，细化板材晶粒的同时改变了织构组态。此外,通过调控非对称轧制工艺,如道次压下量,可以进一步提高板材剪切应变沿板厚度方向分布的均匀性[88]。

综合上述分析,对称轧制板材的变形组织及织构沿板厚度方向分布不均匀使得板材再结晶后的组织不均匀,然而非对称轧制可以显著提高板材应变的分布均匀性,经热处理后,板材呈现出均匀的组织特征。

(4)铸轧法制造铝合金汽车车身板冷轧工艺研究面临的挑战

针对6×××系铝合金铸轧板坯,大部分研究人员通过对称轧制完成铸轧板坯的冷轧工序[93,94],然后展开后续热处理对板材性能影响的研究[95,96],因而鲜有关于冷轧工艺对板材组织/织构的影响机制的研究。基于以上论述可知,冷轧工艺通过影响板材变形时的应变状态改变了变形组织/织构组态及组织分布均匀性,而再结晶组织及织构发展于变形组织/织构。因此,通过冷轧工艺可以调控板材再结晶组织及织构,进而影响终态板材的成形性。

调控板材冷轧工艺,并优化不同冷轧工艺条件下板材的组织及织构,实现铸轧法制造6×××系铝合金汽车车身板的高成形性是面临的挑战之一,具体由以下两个难题构成:

难题1:铸轧板坯不均匀的初始组织与初始织构经较小冷变形量轧制后,获得的变形组织以及再结晶组织不均匀。同时,结合上述针对对称轧制板材再结晶组织及典型织构组态的论述可知,铸轧板坯经过对称轧制后,板材的组织不均匀性较强。因此,调控板材的组织均匀性及织构实现其成形性能的提升是本书需解决的难题之一,具体见第3章。

难题2:基于铸轧板坯厚度薄、后续冷加工变形量小的现状,本书拟通过非对称轧制增大板材的累积塑性应变程度,进而实现其组织与织构及性能的优化。因此,调控非对称轧制工艺参数强化板材的剪切变形及剪切织构,同时,揭示再结晶退火过程中剪切织构的生长机制,实现剪切织构强化板材成形性是本书需解决的难题之二,具体见第4、5章。

本书围绕不同冷轧工艺下板材的组织及织构特征,分别展开了相应的织构演变、变形织构模拟、再结晶行为以及再结晶组织/织构研究。此外,对不同冷轧工艺下板材的最优成形性能与热轧法制造的板材成形性能进行了对比评价,具体见第7章。

1.3.3 铸轧法制造6×××系铝板热处理工艺研究现状及面临的挑战

对于6×××系铝合金，由于主要合金元素Mg、Si在元素周期表中与Al相邻、原子半径差异较小，合金板材固溶淬火后基体内MgSi原子团簇发生析出，导致板材随着存放时间的延长其硬度和屈服强度增大，出现自然时效效应[97-99]。该过程导致板材冲压成形前强度高、成形难；在烤漆处理后，板材难以实现硬化，降低了板材的抗凹性，最终导致板材的烤漆硬化性能变差。因此，针对6×××系铝合金，通过热处理调控析出相，在抑制板材自然时效效应的同时实现板材的烤漆强化，是实现6×××系铝合金板材高烤漆硬化性能的关键。

目前，Birol[93]等人针对铸轧法制造6×××系铝合金汽车车身板热处理工艺调控板材烤漆硬化性能展开了研究。通过添加预应变或预时效可以有效调控板材的烤漆硬化性能[96,100-104]。Slámová[105,106]研究了6016铸轧板坯冷轧成板材后的自然时效行为，并提出了抑制自然时效的预时效工艺。该板材经烤漆处理后，与热轧法制造的6×××系铝合金板材的力学性能相当。

本书以冷轧工艺为变量，分别论述了对称轧制板材和非对称轧制板材组织与织构的优化设计方案，以期实现提升板材成形性能的目标。同时，结合1.1.1节提出的铝合金汽车车身板的性能需求，展开板材烤漆硬化性能的研究。因此，基于不同冷轧工艺条件下的板材，调控其固溶水淬后的预处理工艺，实现铸轧法制造铝合金汽车车身板的高烤漆硬化性能是面临的挑战之一，具体见第6章。

1.4 对称轧制板材再结晶组织与织构及成形性能的研究现状

基于1.1.3和1.3.2节的论述，6×××系铝合金板材先热轧后对称冷轧，完成再结晶后形成Cube等典型再结晶织构及不均匀的再结晶组织，制造板材的成形性能低。因此，本节针对Cube等典型再结晶织构及组织不均匀的形成机制和调控方案展开论述。

1.4.1 铝合金典型再结晶织构特征描述

Cube 织构作为铝合金典型的再结晶织构，其再结晶形核-长大机制研究较为充分。Cube 织构的形核-长大特征如下：

(1)形核尺寸优势：当 Cube 取向晶粒存在于板材初始状态时，在变形过程中该晶粒会形成 Cube 带，且位于 Cube 带的亚晶尺寸较大，可以成为潜在的形核质点[107-110]。

(2)形核速率优势：Cube 带变形时，激活的是正交泊氏矢量位错，使得该变形组织在退火过程中具有较快的回复速率，促进了 Cube 晶核的形成[38]。

(3)晶界取向差优势：在强塑性变形后，轧制取向晶核和其他自由取向晶核有 10%～25%的小角度晶界，这些晶核向周围变形基体生长时，被低移动性小角度亚晶界钉扎，形核受阻；而 Cube 取向晶核有 3%～10%的小角度晶界，其生长受取向钉扎作用较小，晶核生长速率快[111]。

(4)生长晶界优势：Cube 带被变形取向 S 包围，由于 Cube 取向与 S 取向呈现 40°<111>晶界关系，再结晶退火时，Cube 取向优先生长[112]。

(5)生长能量优势：Cube 取向晶界具有的 Σ7 高重置点阵，与其他自由取向晶界相比被认为具有更低能量[113]，再结晶时优先生长。

由于 Cube 织构的形核-长大具有上述优势，因此，具有 Cube 取向的晶粒尺寸约是其他取向晶粒尺寸的 1.15～1.5 倍。具有 Cube 织构的再结晶组织晶粒尺寸差异大，会引起板材终态组织不均匀。

1.4.2 预回复调控再结晶组织与织构及其对成形性能的影响

结合 1.3.2 节的论述，针对对称轧制的铝合金板材，其变形组织的不均匀特征可遗传至再结晶组织。同时，优先形核和长大的 Cube 取向晶粒具有较大的晶粒尺寸，进一步加剧了板材终态的组织不均匀性，导致板材各向异性[114-119]。Liu[120]、Sidor[121]、Wu[122]、Bennett[123-125]和 Baczynski[126]等人的研究表明，组织的不均匀以及 Cube 织构均损害了板材的成形性，同时，Cube 带的形成是引起板材表面罗平线的主要原因。因此，通过弱化板材的再结晶织构特别是 Cube 织构，提高其组织均匀性，是优化板材成形性能的重要途径。

采用再结晶退火前低温预回复处理可以优化板材再结晶组织及织构，提高板材的性能。预回复通过消耗部分储能，促使大量亚晶的形成，提高了再结晶形核潜力[114,116,127]。同时，预回复可以减少基体储能的不均匀性，弱化Cube取向亚晶的形成及长大优势，促使再结晶组织均匀性得以提高。Huang[116]通过采用预回复处理Al-Mn合金板材，强化了退火过程中的自由取向形核，同时细化了板材晶粒组织，弱化了其各向异性。Liu[127]和Decreus[128]等人的研究表明，预回复处理后的板材再结晶织构较弱，制耳效应会减弱。Gatti[129]等人通过预回复调控亚晶形核，有效降低了Cube取向晶粒的生长。

综上所述，预回复作为热处理调控方法可有效弱化板材再结晶织构，提高组织均匀性，降低板材各向异性的同时实现板材成形性能的提升。本书针对铸轧法制造的6×××系铝合金铸轧板坯，采用对称冷轧工艺完成变形，结合低温预回复工艺，展开板材再结晶后的组织和织构及其影响板材成形性能的研究，旨在提高对称轧制工艺下板材的成形性能。

1.5 非对称轧制板材再结晶组织与织构及成形性能的研究现状

根据1.3.2节内容，非对称轧制板材在变形及退火后，可以形成{111}面织构。Jin[130]等人研究了6111铝合金在非对称轧制条件下，异速比对织构演变的影响，即随着异速比的增加，再结晶退火后的织构越来越离散，其中剪切织构{111}<110>成为主要再结晶织构。Engler[131]等人研究了板材表面的{111}纤维织构对板材深冲性能的影响，并结合VPSC探明了温轧和后续再结晶过程中{111}//ND取向的形成机制。研究表明{111}取向具有较高的储能且形核较快，在长大过程中消耗了其他剪切织构，包括{001}<110>织构。同时，证实了{111}面织构对提高板材深冲性能的决定性作用，其剪切织构的体积分数沿厚度方向分布越高，板材的深冲性能提高越明显。Utsunomiya[42]、Saito[67]、Sakai[68]和Chino[69]等人通过非对称轧制引入剪切变形，增强了板材{111}//ND织构，显著提高了板材的r值。

根据1.3.2节内容，非对称轧制引入剪切变形可以同时实现再结晶组织的细化及组织均匀性的提升。Ma[73]等人借助有限元分析和实验研究表明，采用小道次压下量非对称轧制 7050 铝合金可以提高亚晶形核，在后续再结晶退火过程中细化了晶粒组织的同时提高了其沿厚度方向的组织均匀性。Kim[45]等人通过非对称轧制铸轧板坯，提高了织构沿厚度方向分布的均匀性，再结晶退火后，板材沿轧制方向 45°的 r 值得到提高。

根据 1.4 节的论述，Cube 取向具有形核-长大的优势。然而，非对称轧制引入的剪切变形使得基体内产生非正交泊氏矢量位错，同时，S 取向的变形带被弱化。因此，非对称轧制引入的剪切变形可以减弱 Cube 取向晶粒在再结晶退火时形核-长大的优势。Wronski[132]等人采用非对称轧制实现 Cube 织构的弱化以及晶粒组织破碎，提高了板材性能。Jin[133]等人研究了 5754 合金非对称轧制工艺参数对板材再结晶织构的影响，研究表明，非对称轧制板材的再结晶织构特点是原来对称轧制产生的大量 Cube 织构被严重削弱，减缓了板材各向异性。

综合上述研究，非对称轧制通过引入剪切变形，使得板材形成{111}面织构、细化了晶粒组织、提高了组织均匀性并阻碍了 Cube 取向的发展，实现了板材成形性能的提升。本书针对铸轧法制造的 6×××系铝合金铸轧板坯，采用非对称冷轧工艺完成变形，探明非对称轧制工艺对剪切变形及剪切织构的影响，确定剪切织构的再结晶行为及其对板材成形性的影响，旨在通过非对称轧制提高板材的成形性能。

1.6 6×××系铝合金析出相及其影响烤漆硬化性能的研究现状

由于 6×××系铝合金可热处理强化，而 Mg_2Si 相是该系铝合金的主要强化相。国内外的学者针对 Mg_2Si 析出行为及其对板材烤漆硬化性能的影响展开了大量的研究[98,99,134-138]。

1.6.1 Mg_2Si 相的析出行为

借助差示扫描量热分析(DSC)、高分辨透射分析(HRTEM)、三维原子探针(3DAP)等检测分析方法，研究人员确定了 6×××系铝合金中 Mg_2Si 相的析出序列是 SSSS(过饱和固溶体)→GP 区(球状)→β''(针状)→β'-U1-

U2(棒状)→β(片状)[97,134,139-146]。

Engler[147]等人借助TEM检测手段，研究了6016早期析出物的相组成及形貌。研究表明，GP区的特征是与铝基体完全共格，尺度约为1～2nm。Edwards[140]等人研究发现固溶淬火后富Mg原子团簇和富Si原子团簇快速形成，随着时间的延长，富Mg原子团簇溶解，GP区，即Mg-Si共同团簇开始析出。Murayama[148]等人研究发现，只有当GP区长大到一定尺寸时，在后续人工时效中才能为β″相的析出提供形核质点。在室温条件下，GP区沿<100>$_{Al}$方向有序长大成针状β″相，该相的b轴方向与铝基体完全共格。

Anderson[149]等人的研究表明，β″相为C单斜结构，相组成是Mg_5Si_6，通过电子衍射确定的晶格常数为a=1.516nm、b=0.405nm、c=0.674nm、β=105.3°，如图1-6所示。Ravi[143]等人借助第一性原理，测得β″相的晶格常数为a=1.513nm、b=0.405nm、c=0.6966nm、β=110°。β″相与基体呈现半共格关系，基体畸变能最强，位错以切过第二相机制为主[150]，并受到较强的阻碍作用，使得板材性能达到峰值。

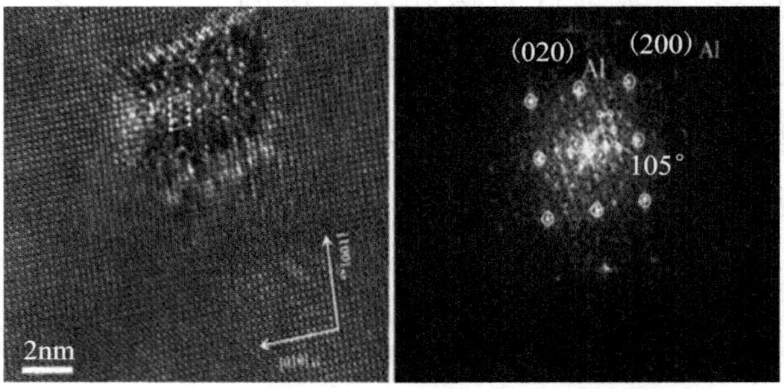

图1-6　β″相的高分辨透射图和FFT(傅里叶转换)图[20]

在热场条件下，Mg原子和Si原子持续聚集，出现与基体呈现局部共格的棒状β′、U1和U2相。Vissers[151]等人的研究表明，β′相为密排六方结构(HCP)，相组成是Mg_9Si_5，其晶格常数为a=0.715nm、c=1.215nm。但是，Murayama[148]等人测定的β′相的晶格常数为a=0.407nm、c=0.405nm。Andersen[152]等人的研究表明，U1相为HCP结构，相组成为$MgAl_2Si$，晶格常数为a=0.405nm、c=0.674nm。U2相为正交结构，相组成为MgAlSi，晶格常数为a=0.675nm、b=0.405nm、c=0.794nm。

经过充分时效，β′相转变为与基体错配度更高的片状β相，相组成是 Mg_2Si，属于立方晶体结构，晶格常数为 $a=0.635$nm。由于共格应变场完全消失，β相对拉伸过程中的位错阻碍作用减弱，板材的性能降低。

1.6.2 6×××系铝合金汽车车身板烤漆硬化性能的研究现状

针对热轧法制造的6×××系铝合金板材，根据析出相与基体的位相关系可知，β″相对6×××系铝合金板材起主要强化作用。但是，板材的自然时效效应使得在烤漆处理时，基体内尺寸较小的GP区回溶，尺寸较大的GP区可能成为β′相或β相的形核质点，烤漆处理后板材的性能没有得到强化，甚至出现软化。因此，诸多学者提出采用固溶淬火后立即预处理工艺，通过抑制自然时效效应提高板材的烤漆硬化性能[57,99]。Mori[94]、Jin[136]、Aruga[146]、Takaki[153]和Shen[154]等人的研究表明，预处理可以有效提高Al-Mg-Si合金板材的烤漆硬化性能。预处理工艺主要分为以下两类：

(1)预时效处理

通过单级或双级预时效实现 Mg_2Si 相的调控操作相对简单，方便在工业化生产中应用。经预时效处理后，自然时效效应得以抑制，同时，GP区的尺寸增加，导致β″相的析出激活能比未经预时效处理的要低42kJ/mol。因此，烤漆时，β″相更容易析出，板材的烤漆硬化性能得以显著提升[155]。中南大学王也君[156]、李莹[157]、邱涛[158]等人针对上海宝钢提出的6×××系铝合金板材技术开发要求，研发了低温单级预时效工艺，热处理后板材的自然时效效应得以抑制，烤漆硬化性能得以提升。此外，东北大学王敏[159]，中南大学刘振兴[160]以及中南大学王小宁[161]等人分别针对6111、6101和6022铝合金的预时效工艺进行了系统研究，获得了相应的最佳预时效制度。

(2)预应变耦合预时效处理

通过预应变可引入位错，为β″相析出提供通道，并结合预时效改变早期析出原子集团的尺寸，可以提高6000系合金车身板的烤漆硬化潜力。重庆大学徐欢欢[162]、东北大学高冠军[163]等人采用预应变(2%～5%)耦合预时效，提高了6016板材的烤漆硬化性能。

综合上述研究，并结合1.3.3节的论述，无论是铸轧法还是热轧法制造

6×××系铝合金汽车外板，通过预处理调控板材在固溶水淬后 MgSi 相的析出行为，可以抑制板材的自然时效效应，并提高其烤漆硬化性能。由于铝合金汽车车身板的烤漆硬化性能直接反映其应用时的抗凹性能，因此，针对铸轧法制造的汽车车身板，经不同冷轧工艺变形后，研究与板材适配的预处理工艺，实现板材的高烤漆硬化性能。

1.7 研究意义及内容

1.7.1 课题来源及研究意义

本课题源自中南大学高性能复杂制造国家重点实验室课题“铸轧法制备高性能铝合金汽车板材构件组织性能均匀性调控机理研究”、国家自然科学基金项目“应力诱导 Al-Zn-Mg-Cu 合金析出相界面孪生提升强韧性机制研究”。

铸轧法制备铝合金板材相比传统热轧法具有低成本、高效及环保等诸多优点，特别是将铸轧法用于铝合金汽车板材构件制造领域，可以推动汽车板以铝代钢的应用进程。同时，研究铸轧法制造高成形性高烤漆硬化性 6×××系铝合金板材在行业内具有开拓性。课题组在铸轧法制备 1×××系铝合金板坯的合金成分设计，铸轧工艺参数仿真及实验研究和铸嘴结构优化设计方面具有坚实的研究基础[164]，为本书的研究提供了重要支撑。

1.7.2 主要研究内容及技术路线

根据前文论述，铸轧法制造高成形性高烤漆硬化性 6×××系铝合金车身板面临着以下三个挑战：①进行合金成分优化设计以实现固液相变区间的窄化并探明铸轧工艺参数，实现铸坯凝固成形；②调控板材冷轧工艺，并优化不同冷轧工艺条件下板材的组织及织构，实现其高成形性；③基于不同冷轧工艺条件下的板材，调控其固溶水淬后的预处理工艺，实现铸轧板材的高烤漆硬化性。本书围绕上述挑战展开研究，研究成果具有重要的理论意义和工程应用价值，具体的技术路线如图 1-7 所示。

(1)汽车车身用 6016 铝合金铸轧板坯制备

借助理论计算，以 6016 铝合金成分方案为研究对象，探明在合金成分范

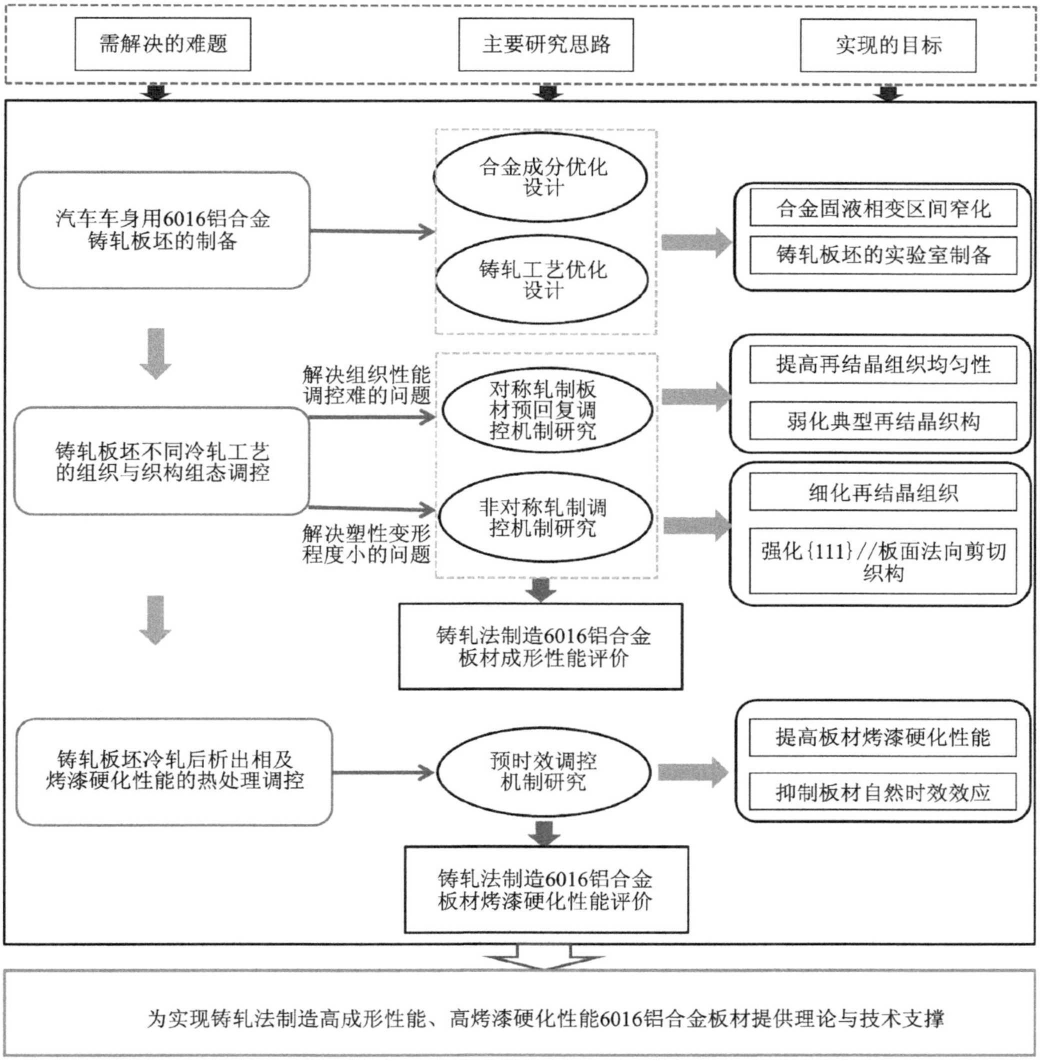

图 1-7 本书技术路线

围内，Si、Mg、Cu、Fe、Mn 元素对板材固液相变区间值的影响规律，建立适用于铸轧法制造的 6016 铝合金成分方案；研究优化级 6016 铝合金的铸轧工艺参数（铸轧速度、铝液温度）可行域，结合实际铸轧工况，展开 6016 铝合金板坯的铸轧实验，确定适用于铸轧法制造 6016 铝合金板坯的铸轧工艺参数；针对实验制备的初始铸轧板坯，研究板坯沿厚度方向的组织及织构分布，为后续板坯冷轧及热处理组织与织构调控奠定基础。

(2)不同冷轧工艺下板材组织、织构及成形性能调控

①对称轧制 6016 铝合金铸轧板组织、织构及性能调控

通过理论结合实验研究，探明在考虑初始织构条件下，织构随变形程度的演变规律；研究预回复温度对板材再结晶行为、组织均匀性及织构的影响规律，揭示预回复对板材组织均匀性及织构组态的调控机制，建立预回复制度与板材性能之间的关联，确定最佳预回复制度；研究最佳预回复工艺对板材固溶处理后的组织及织构、性能的影响，建立板材组织均匀性、织构组态、成形性间的关联，同时，探明板材的自然时效行为及烤漆硬化行为。

②非对称轧制 6016 铝合金铸轧板剪切变形及剪切织构研究

借助有限元仿真研究板材沿厚度方向分布的剪切应变随变形几何参数和异速比的变化规律，揭示非对称轧制工艺参数对剪切应变的调控机理；通过在 VPSC 模型中耦合仿真结果并结合实验验证，研究变形几何参数和不同道次间轧制方式对剪切织构的影响规律，形成非对称轧制剪切织构的模拟技术；研究轧制过程中沿板厚度方向织构取向密度的演变规律，探明变形程度、道次压下量和道次间轧制方式对剪切织构的影响机制，建立通过非对称轧制工艺参数调控剪切织构沿板厚度方向均匀分布的技术，确定最佳非对称轧制工艺方案。

③非对称轧制板材的再结晶行为及其对性能的影响研究

基于上述研究获得的最佳非对称轧制工艺，进一步开展异速比对板材组织与织构及性能影响的演变规律研究，揭示不同异速比条件下板材的再结晶组织形核-长大机制，建立异速比、晶粒组织、织构组态、性能间的关联关系；借助准原位 EBSD 表征手段，研究板材剪切织构随退火时间的演变规律，揭示剪切取向晶粒的形核-长大机制；研究非对称轧制对板材固溶处理后的组织与织构及成形性能的影响，建立板材再结晶组织、织构组态、成形性间的关联，同时，探明板材的自然时效行为及烤漆硬化行为。

(3)热处理调控 6016 铝合金铸轧板析出相及烤漆硬化性能研究

借助基于量子力学的第一性原理计算，研究板材析出相的晶体结构和弹性性质，探明主强化相的物化性质；在板材固溶处理后添加预时效，系统研究预时效温度和时间对板材自然时效行为和烤漆硬化行为的影响规律，建立预

时效制度与板材烤漆硬化性能之间的映射关系；研究板材析出相的种类及分布，揭示预时效对板材烤漆硬化性能的影响机制，创建高烤漆硬化性能的6016 铝合金铸轧板预时效工艺制度。

(4)铸轧法制造 6016 铝合金板材的性能评价

针对经上述经冷轧工艺和预时效工艺处理的板材的成形性能和烤漆硬化性能进行评价，并与传统热轧法制造的板材性能进行对比分析，揭示铸轧法制造 6016 铝合金板材高成形性能和高烤漆硬化性能的强化机制，为铝合金汽车车身板的低成本高性能制造技术提供理论支撑。

2 汽车车身用 6016 铝合金铸轧板坯制备

针对 6×××系铝合金固液相变区间宽以及铸轧工艺不明确导致铸轧板坯制备难度大的问题，本章基于理论计算，以目前应用较为广泛的 6016 铝合金成分方案为优化对象，探明合金元素对固液相变区间的影响，开发适用于铸轧法制备的 6×××系铝合金成分方案；根据确定的合金成分方案，展开铸轧工艺的理论研究及铸轧板坯实验室试制，探明最佳铸轧工艺参数，并完成初始铸轧板坯的组织及织构表征。

2.1 6016 铝合金成分优化设计

鉴于目前使用的铸轧辊套材料主要为钢材，固液相变区间较宽的铝合金，受限于钢铸轧辊套的导热速率，在经过铸轧区时难以实现成形。而适用于铸轧法制造的 1×××系和 3×××系铝合金，其固液转变区间为 60～100℃。因此，在相同的铸轧辊材质条件下，本书以该固液相变区间范围为目标，通过合金成分优化设计，使得 6016 铝合金固液相变区间窄化至 60～100℃，以实现其铸轧成形。

本书在设计合金成分时采用了相图计算，相图计算是材料基因工程与新材料开发设计的重要工具。相图计算的使用，能够极大节省新材料开发设计时的试验工作量，已被广泛应用于科研实验与工业生产。本章借助相图计算(JMatPro)，获得了合金的凝固开始温度与凝固终了温度，从而确定了合金的固液相变区间值(ΔT)。6016 铝合金成分如表 2-1 所示。Si 元素的含量区间为 1.0%～1.5%，在计算时，选取 1.0%、1.1%、1.2%、1.3%、1.4%、1.5%种含量；Mg元素的含量区间为0.25%～0.60%，在计算时，选取0.25%、0.35%、0.45%、0.60%四种含量，其余的合金元素不变。按照单一变量的原则，分别研究Si元素和Mg元素对ΔT的影响规律。

表2-1 6016铝合金成分范围(质量分数,%)

成分	Si	Fe	Mn	Mg	Cu	Al
6016合金	1.0～1.5	0.50	0.16	0.25～0.60	0.20	Bal.

如图2-1(a)所示，当Si元素含量不变时，ΔT不随Mg元素含量的增多而变化，计算结果表明，Mg元素的含量对ΔT无影响。在后续计算中选取中间值0.45%作为Mg元素的含量。Si元素对ΔT的影响如图2-1(b)所示，计算结果表明，ΔT随着Si元素含量的增加总体呈现减小的趋势。当Si含量增加至1.50%时，ΔT从120℃减小至115℃。可见，随着Si含量的增加，固液相变区间逐渐减小。但是，与适用于铸轧法制备的1×××和3×××系铝合金相比(ΔT=60～100℃)，6016铝合金的ΔT依然较高。因此，需要进一步针对Cu、Fe和Mn元素对ΔT的影响展开研究。

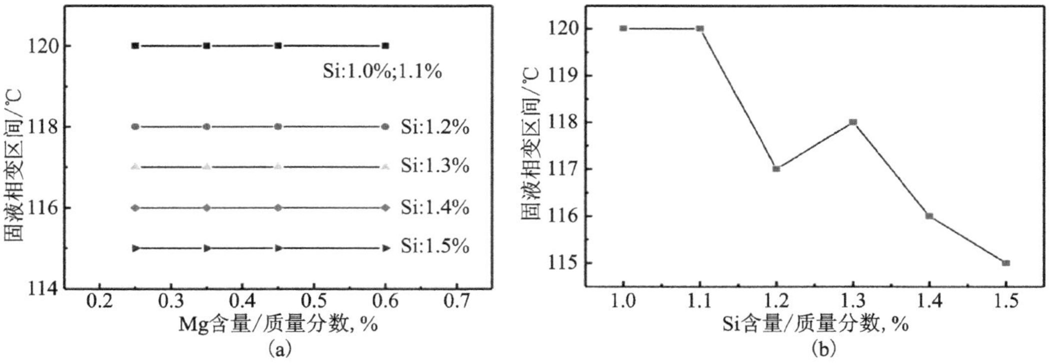

图2-1 主合金元素对固液相变区间(ΔT)的影响

(a)Si对ΔT的影响；(b)Si对ΔT的影响

在计算Cu元素含量对ΔT的影响时，选定Si元素含量为1.50%，Mg元素含量为0.45%，Fe元素为0.50%和Mn元素为0.16%。Cu元素含量选取0.00%、0.05%、0.10%、0.15%和0.20%五种，如图2-2所示。计算结果表明，随着Cu元素含量从0.00%增加至0.20%，合金的ΔT从95℃逐步宽化至 115℃,Cu 元素含量与 ΔT 呈正相关关系。当该合金中不添加 Cu 元素时,ΔT 从 115℃窄化至 95℃,该值位于目标范围内。此外,经计算表明,Fe 和 Mn 元素对 ΔT 的变化无影响。

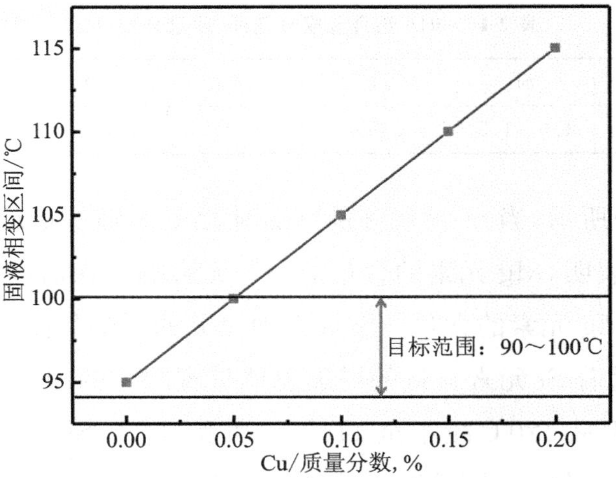

图 2-2　Cu 元素对合金固液相变区间的影响

分析图 2-3,对于 6016 铝合金,其铝熔体的温度不随 Cu 元素的含量变化而变化,其值约为(650±3)℃。然而,当铝熔体含有 0.20%Cu 元素时,其凝固温度约为 535℃;当铝熔体不含 Cu 元素时,凝固温度约为 555℃。由此可知,合金的凝固温度随着 Cu 元素含量的降低逐步升高。当不添加 Cu 元素时,合金凝固温度最高,对应的 ΔT 最小。

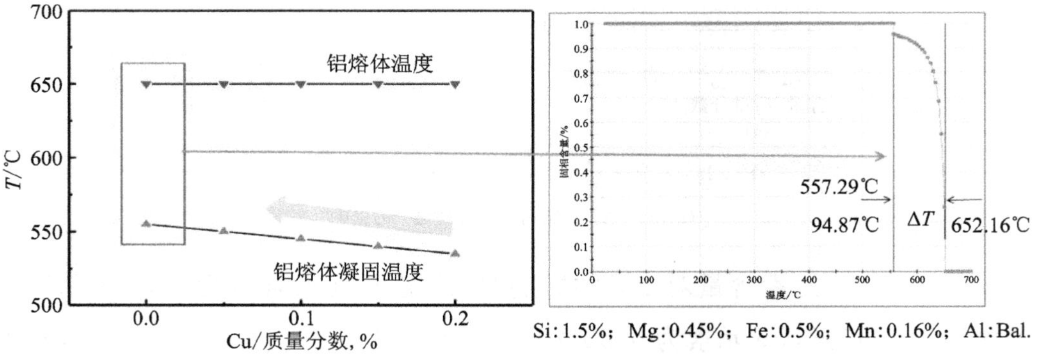

图 2-3　Cu 元素对铝熔体凝固温度的影响

综合上述分析,优化后的 6016 铝合金成分方案是:Si 元素为 1.50%,不添加Cu元素,其余的元素含量不变。相较于常规6016合金成分,优化后的ΔT从115℃缩减至95℃,窄化效果显著。在后续铸轧实验中,分别采用成分优化前后的合金展开铸轧实验,对理论计算的合金成分优化方案进行验证。

2.2 6016铝合金铸轧板坯制备

2.2.1 制备铸轧板坯的装备及实验流程

针对优化前后的6016铝合金成分分别展开铸轧实验。双辊水平式铸轧机生产出的产品质量比垂直放置的立式铸轧机制造的产品质量更为优良,铸轧板坯在中南大学高性能复杂制造国家重点实验室制备,实验装备为小型水平式连续铸轧试验机组。该机组主要由以下模块组成:①熔化炉:钢质电阻加热炉,容量300kg;②铸轧机:Φ400×500mm水平式双辊铸轧机,铸轧坯料厚度为2～8mm,轧辊内部通水冷却,冷却水压力为0.7MPa;③铸嘴:Al_2O_3+硅酸铝纤维+石棉烧制品;④氩气精炼装置:瓶装高纯氩气,氩气传输装置;⑤辅助设备:冷却水系统、液压系统、剪板机。部分铸轧工艺参数如表2-2所示。

表2-2 6016铝合金铸轧板坯制备部分工艺参数及实验材料参数

工艺参数	数值	工艺参数	数值
炉内铝液温度	690～705℃	保温炉温度	710～730℃
精炼气体	氩气	前箱液位深度	80±0.5mm
冷却水流量	80L/min	冷却水压力	0.7MPa
冷却水入口水温	25℃	冷却水出口水温	29℃
铸轧区长度	48mm	轧辊直径	400mm
铸嘴宽度	250mm	铸嘴与辊缝间隙	10～20μm
润滑介质	石墨二硫化钨	铸嘴宽	200mm
轧辊材质	32Cr3Mo1V钢	预压力	60t

铸轧实验分为实验前期准备、铸轧工艺预调和稳定运行三部分。

铸轧实验的前期准备工作:针对优化前后的6016铝合金分别完成配料,

合金的整体质量为200kg，将备好的铝锭和中间合金放入300kg炉子中，设置炉温为730℃。当铝锭完全融化后，将镁锭用铝箔包裹，迅速压入铝液中，尽量减少烧损；合金熔体充分搅拌后，通入氩气精炼15min，随后静置20min，完成扒渣。设置炉温为710℃，使炉内铝熔体温度保持在690～705℃。将铸嘴和侧封与铸轧机进行预配合，用塞尺调节铸嘴与辊缝的间隙，其尺寸保持在10～20μm。精确控制铸嘴和侧封与轧辊的间隙是为了防止铸轧过程中发生漏铝。在铸嘴和侧封与轧辊接触的部位，涂抹润滑介质，然后将其在250℃保温炉内预热。将前箱、流槽和连接件加热至500℃保温，使用火焰喷枪对轧辊进行预热。

铸轧工艺预调：将加热好的铸嘴和侧封安装到预定位置，完成保温炉—流槽—前箱—铸嘴的搭接；铸轧开机，启动倾炉操作，将保温炉以一定的速率倾斜；铝液冲出铸嘴时，调节铸轧速度、铝液流速并开启冷却水，当铝液经辊缝凝固成形后，完成铸轧工艺预调。

稳定运行：铝液凝固成形后，在轧辊上继续涂抹润滑剂，防止出现粘铝现象，同时，根据前箱铝液高度，调整倾炉速度和轧辊转速，保证出板的连续性，直至铸轧结束。

2.2.2 铸轧工艺参数的理论计算及实验分析

在铸轧时，铸轧区长度是铸轧实验中极为重要的参数，它的特征直接决定铸轧实验的成败。铸轧区长度 L 的划分示意图如图 2-4 所示，l_1 为冷凝区长度，l_2 为结晶区长度，l_3 为轧制区长度，即 $L=l_1+l_2+l_3$，其中液穴长度 $l=l_1+l_2$。大量铝合金铸轧实验研究表明[165]：当液穴长度占铸轧区长度的20%～30%时，可以获得高质量的铸轧带坯。当液穴长度占比不及上述范围时，铝熔体进入铸嘴后凝固过快，容易拉伤铸嘴造成铝液泄漏；当液穴长度占比超过上述范围时，铸轧板坯在进入轧制区时，其板芯未能完全凝固，也会造成漏铝。因此，以液穴长度与铸轧区长度的比值为判据，可以依据理论计算出铸轧工艺参数，进而指导实验。

铸轧区的长度可以通过几何关系式来确定，构建方程为：

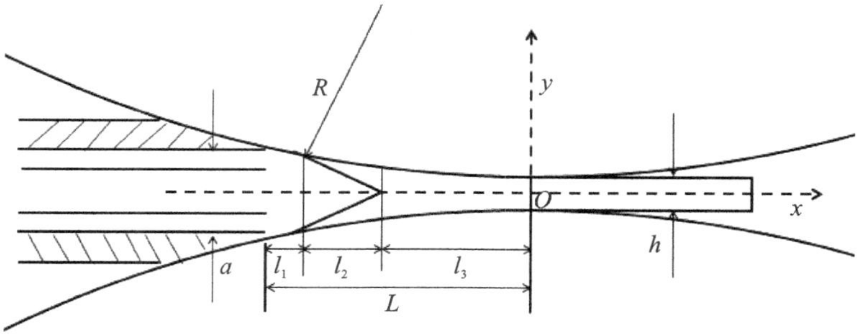

图 2-4　铸轧区示意图

$$L^2 + \frac{1}{4}(2R + h - a)^2 = R^2 \tag{2-1}$$

式中　R——轧辊半径，mm；

a——铸嘴腔外开口，mm

h——辊缝高度，mm。

在铸轧实验时，设计辊缝高度为 6.6mm，铸嘴腔外开口为 12.0mm，内开口为 6.0mm，根据式(2-1)计算得到的铸轧区长度为 46.4mm。在实验时，铸嘴安装后，测得的铸轧区长度为 48mm。通过比较上述计算值与实际值，铸嘴的安装精度基本可以达到设计要求。

B. T. 鲍里索夫确定了冷凝区长度 l_1 的计算公式为[165]

$$l_1 = \frac{\Delta T}{T_C - T_W} \cdot \frac{h_1 \rho_1 c_1 v_1}{2\alpha_1} \tag{2-2}$$

式中　ΔT——浇注铝熔体的过热温度，℃；

T_c——铝熔体温度，℃；

T_w——冷却水温度，℃；

h_1——出板厚度，cm；

ρ_1——金属液的密度，g/cm^3；

c_1——铝熔体的比热容，J/(g · ℃)；

v_1——出板速度，cm/s；

α_1——冷却水与金属液之间的热量交换系数，J/(cm^2 · s · ℃)。

B. T. 鲍里索夫确定了冷凝区长度 l_2 的计算公式为[165]：

$$l_2 = \frac{h_1 \rho_1 v_1}{2Q_{kp}}(\omega + 0.5\eta c_1 Q_{kp})\left(\frac{h_1 + \Delta h}{4\rho_1} + \frac{1}{2}\right) - \frac{\eta c_2 \lambda_1 h_1 v_1}{2\alpha_2 (h_1 + \Delta h)} \ln\left[1 + \frac{\alpha(h_1 + \Delta h)}{2\lambda_1}\right] \tag{2-3}$$

式中 Q_{kp}——金属液的结晶温度，℃；

ω——金属液的结晶潜热系数，J/kg；

η——修正系数，当温度为直线分布时，$\eta=0.5$；

Δh——压下量，cm；

c_2——铝固体的比热容，J/(g・℃)；

λ_1——固体金属的传热系数，J/(cm^2・s・℃)；

α_2——轧辊材料的导热系数，J/(cm^2・s・℃)；

α——铸轧角，rad。

在进行铸轧实验时，铝熔体温度 T_c 控制为 690℃；铸轧速度 v_1 分别设置为 100mm/min、150mm/min、200mm/min、250mm/min 和 300mm/min。其余相关参数分别为[48,165]：$\Delta T=3.00$K，$T_W=25$℃；$h_1=0.66$cm；$\rho_1=2.47$g/cm^3；$c_1=1.08$J/(g・℃)；$\alpha_1=249$J/(cm^2・s・℃)；$c_2=0.90$J/(g・℃)；$\lambda_1=20.05$J/(cm^2・s・℃)；$\Delta h=1.80$cm；$Q_{kp}=652$℃；$\omega=0.70$；$\alpha_2=30.60$J/(cm^2・s・℃)；$\alpha=0.23$rad。结合式(2-2)和式(2-3)，构建铸轧速度与液穴长度之间的关系，如图 2-5 所示。

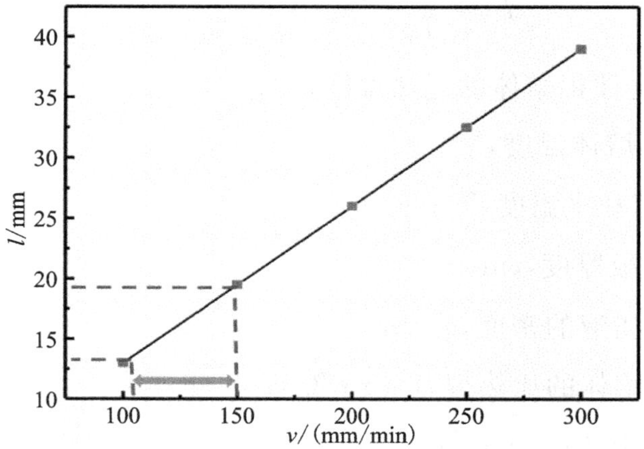

图 2-5 液穴长度 l 与铸轧速度 v 之间的关系图

根据 $20\%L<l<30\%L$ 判据，基于理论计算的铸轧速度变化区间约为

110～150mm/min。在实际铸轧过程中,设置铸轧辊的启动速度为100mm/min,随后开始倾炉,铝液从铸嘴出来后,开始缓慢增大铸轧辊速,并开启冷却水,直至铸坯稳定凝固成形。实验获得的主要铸轧工艺参数为:稳定凝固成形时铸轧速度为140mm/min,前箱铝液温度为680～700℃。

在进行铸轧实验时,未经成分优化的6016铝合金,经过多炉实验验证,铝液在经过铸轧辊缝时,由于较宽的固液相变区间使其难以成形。而优化后的6016铝合金经多炉铸轧实验验证,可以成功制备板坯。此外,经实验表明,对于固液相变区间较窄的6016铝合金,铸轧速度过快(＞300mm/min),铝液温度过低(＜680℃)或过高(＞710℃),以及铝液流速控制不当等因素均会导致铸嘴被刮伤,造成实验失败。当铸轧速度根据铝液流速的快慢在110～150mm/min范围内调整,同时,前箱铝液温度控制在680～700℃时,可以稳定制备出6016铝合金铸轧板坯(如图2-6所示),铸轧板坯的成分如表2-3所示,实验室制备的板坯尺寸规格为6.5mm×250mm×4000mm(板坯厚度×板坯宽度×板坯长度)。

图2-6　6016铝合金铸轧实验

(a)保温炉-流槽-过桥-前箱的组合装置;(b)、(c)优化的6016铝合金铸轧板坯成功制备;(d)前箱铝液温度为705～710℃引起铸轧实验失败

表 2-3　6016 铝合金铸轧板坯的化学成分(质量分数,%)

成分	Si	Fe	Mn	Mg	Al
6016 合金	1.48	0.34	0.16	0.49	Bal.

综上所述,针对 6016 铝合金,经过成分优化后,其固液相变区间从最大值 120℃被窄化至 95℃。结合该合金的物理性质,经理论计算后,获得最佳的铸轧工艺参数可行域。通过铸轧实验对上述理论值进行验证,实验结果表明,计算获得的铸轧速度可以为汽车车身板用 6016 铝合金铸轧坯料的制备提供指导。本书主要针对铸轧法制造汽车车身用 6016 铝板的成形性能和烤漆性能展开研究,初始板坯的表面质量对其性能的影响不在本书的研究范围内。

2.3　铸轧坯料初始组织及织构的检测与分析

2.3.1　检测方法

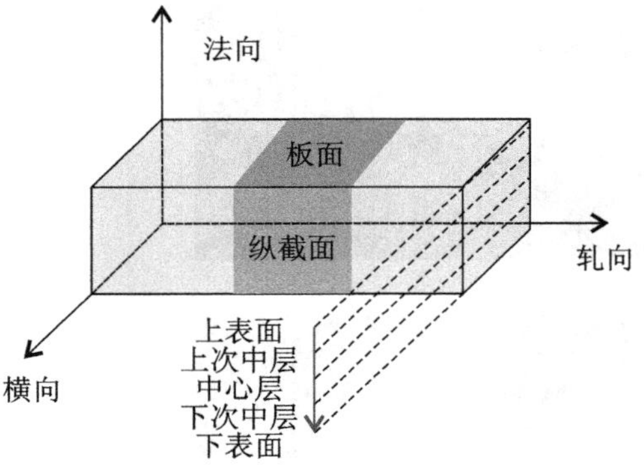

图 2-7　板坯取样示意图

(1)金相显微镜(OM)组织检测

样品选取及制备方案:沿板材纵截面取样,如图 2-7 所示。使用金相砂纸和水磨砂纸对样品进行粗磨和精磨处理,随后将观察面浸入 NaOH(10%,质量分数)溶液进行宏观腐蚀,腐蚀时间为 10min。金相组织观察所用的设备型号是 OLYMPUS-DSX500。

(2)扫描电镜(SEM)检测

样品选取及制备方案:选取样品的板面为观察面,如图 2-7 所示。铸轧板初始厚度为 6.6mm,对上下板面分别进行粗磨、精磨和抛光处理,并对上下板表面进行扫描观察;继续将上下表面磨至原来厚度方向的 1/2 处,分别对上下板次中层面进行观察;最后将板面磨至中心处,观察板材的中心面形貌。

扫描电镜所用的设备型号是 Phenom ProX。

(3)宏观织构检测

样品选取及制备方案:基于铸轧样品的组织对称性,在进行织构检测时,选取上表面、上次中层和中心层,并将观察面分别磨至相应的位置。将制备好的样品浸入 NaOH(15%,质量分数)溶液,消除样品表面残余应力。在进行织构观察时,用红色记号笔标注样品的轧制方向,并检测样品的(111)、(200)和(220)三个面的极图。将获得的极图数据导入中南大学唐建国等人开发的 Texture Calculate 软件,完成织构体积分数、取向线分布以及取向分布函数(ODF)计算[166]。本书涉及的全部宏观织构检测及数据处理均使用该方法。宏观织构检测所用的设备型号是 D8-DISCOVER。

2.3.2　检测结果及分析

铸轧坯料的纵截面金相组织如图 2-8 所示。靠近坯料中心的位置出现黑色条纹,这可能是铸轧时 6016 铝合金中的第二相由于温度场、流场分布不均匀形成宏观偏析[164,165]。放大中心区域,如图 2-8(b)所示,可以观察到晶粒的"人"字形形貌,这是铸轧本身的凝固成形特征所致。由于板坯表面与铸轧辊直接接触,铝液的冷却速率从表面到心部递减,因此,整个凝固过程就是晶粒从表面向中心生长的过程,其晶粒形貌呈现长条状。随后,凝固组织进入轧制区变形时,上下轧辊给板坯的法向压力使得晶粒沿坯料中心层对称变形,最终使得纵截面呈现出倾斜于铸轧方向的组织形态。

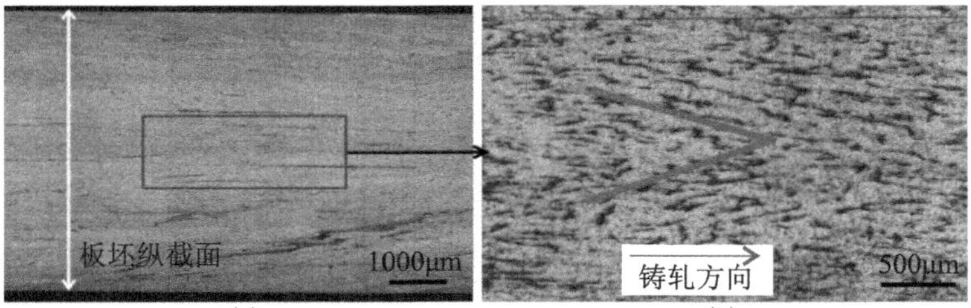

图 2-8　铸轧板坯纵截面金相组织

(a)150×的组织图;(b)500×的组织图

铸轧板坯沿板厚度方向不同位置的扫描图如图 2-9 所示。所有的样品中均可以观察到亮白色的 AlFeMnSi 相。该相在不同样品中的分布状态各异，对于上下表层样品，第二相主要是沿枝晶界形成，形成该现象的主要原因是板坯上下表面与铸轧辊接触，铝熔体在该区域的凝固速率较快，第二相在枝晶形成后析出，导致铸坯出现微观偏析。第二相在上下次中层的分布较为均匀，主要原因是该区域的温度场和流场分布相对均匀，使得铝熔体在该区域的凝固速率平稳，促进了第二相的均匀分布。在板坯中心层可以观察到严重偏聚的第二相，这与纵截面的宏观组织一致。引起该现象的原因是中心层的铝液凝固速率最慢，导致 Fe、Mn 等元素聚集在中心层，在随后的凝固过程中形成大量的 AlFeMnSi 相[50]。综上，由于铸轧本身的特点，铸轧区不均匀的温度场和流场导致第二相在坯料内部呈梯度分布。

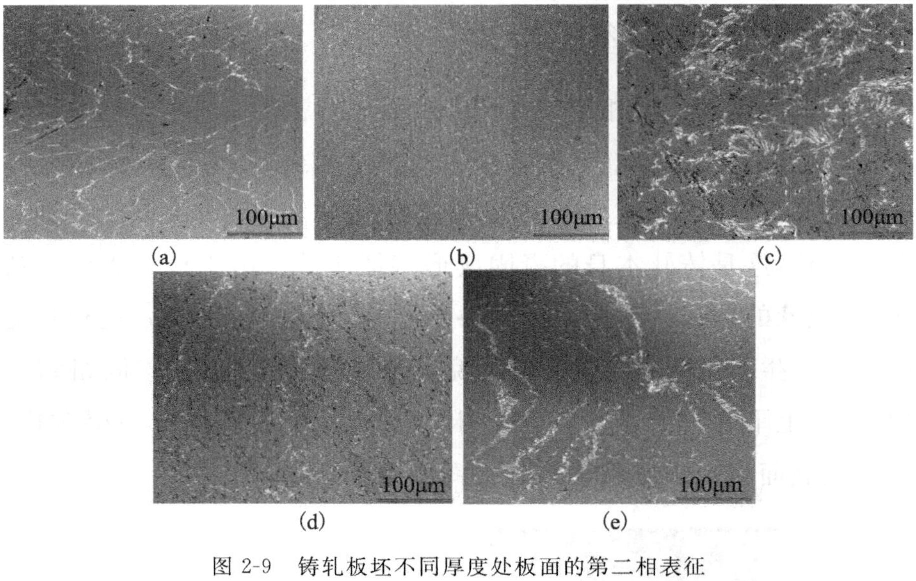

图 2-9　铸轧板坯不同厚度处板面的第二相表征

(a)上表面；(b)上次中层；(c)中心层；(d)下次中层；(e)下表面

板坯的上表面、上次中层和中心层的{111}极图如图 2-10 所示。其体积分数统计如表 2-4 所示。在板坯表层，主要是 R-Cube 织构组分，其体积分数达到 33.39%；在次中层，也同样以 R-Cube 织构组分为主，其体积分数为 18.90%。检测结果表明：板坯从表面到次中层主要形成剪切织构，其原因是铸轧辊与板坯之间的摩擦力所致，该摩擦力沿板厚度方向呈非线性减小，导致剪切织构强度从表面至次中层呈降低趋势。到中心层时，摩擦力降到最小，剪切织构组分也随之消失。板坯中心层的织构主要包括再结晶织构和变形织构。在铸轧时，中心层铝液凝固散热最慢，其组织温度最高，当板坯进入轧制区时，组织变形发生在再结晶温度以上，导致再结晶织构的形成[64]。同时，部分变形组织保留在基体中，主要以Brass和S取向为主。因此，基于铸轧过程中的温度场和应力-应变场不均匀特征，板坯内部的初始织构呈梯度分布。

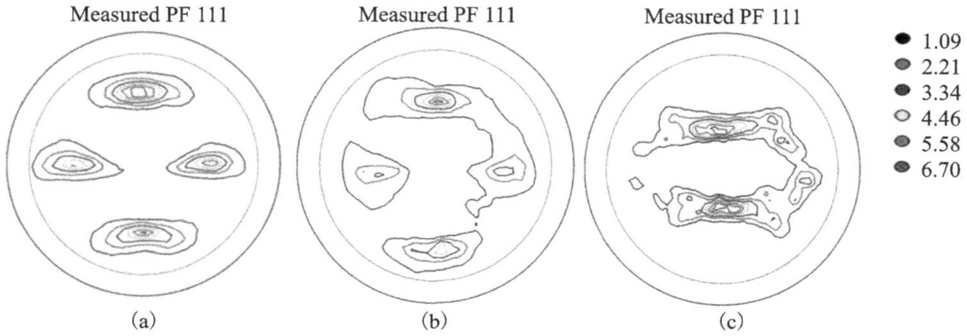

图2-10 铸轧板坯的上表面、上次中层和中心层的{111}极图

(a)上表层;(b)上次中层;(c)中心层

综合上述分析，铸轧法制备的6016铝合金板坯内部存在明显的宏微观偏析，特别是第二相沿板厚度方向呈梯度分布。同时，织构同样沿板厚度方向呈梯度分布。板坯内部不均匀的初始组织及初始织构组态对其后续冷轧-热处理时组织和织构的演变影响显著。

表2-4 初始铸轧板表面、次中层以及中心层织构体积分数(%)

<table>
<tr><th>织构组分</th><th>表面</th><th>次中层</th><th>中层</th><th>织构分类</th></tr>
<tr><td>Cube</td><td>—</td><td>—</td><td>13.87</td><td>再结晶织构</td></tr>
<tr><td>R-Cube</td><td>33.39</td><td>18.90</td><td>—</td><td rowspan="2">剪切织构</td></tr>
<tr><td>Goss</td><td>—</td><td>—</td><td>4.88</td></tr>
<tr><td>Brass</td><td>—</td><td>—</td><td>21.48</td><td rowspan="3">变形织构</td></tr>
<tr><td>Copper</td><td>—</td><td>—</td><td>6.33</td></tr>
<tr><td>S</td><td>—</td><td>—</td><td>20.20</td></tr>
</table>

2.4　本章小结

本章主要借助相图计算软件优化了6016铝合金成分方案；基于该成分方案，理论结合实验研究了6016铝合金铸轧工艺，确定了最佳铸轧工艺参数可行域；对制备的铸轧板坯展开了OM、SEM以及宏观织构检测，主要得出以下结论：

(1)6016铝合金中Mg元素、Mn元素和Fe元素对固液相变区间没有影响；Si元素含量对固液相变区间影响较弱，即随着Si元素从1.00%增加至1.50%，合金固液相变区间从120℃窄化至115℃；Cu元素的含量对固液相变区间影响显著，随着Cu元素含量从0.20%降至0，合金固液相变区间从115℃窄化至95℃。最终形成优化后的6016铝合金成分方案(质量分数)是：Si 1.50%；Fe 0.50%；Mn 0.16%；Mg 0.25%～0.60%；不含Cu元素，其余为Al。

(2)制备6016铝合金铸轧板坯时，其铸轧区长度设置为48mm，理论计算的铸轧速度变化区间为110～150mm/min，铝熔体温度为680～700℃；采用该铸轧工艺参数可以成功制备6016铝合金铸轧板坯，铸轧速度为140mm/min时，实现了铸轧板坯稳定凝固成形。

(3)6016铝合金铸轧板坯纵截面晶粒组织呈“人”形分布，并伴随宏观偏析；沿板厚度方向的板面第二相呈梯度分布，中心层的第二相偏析最严重，上下表面次之，次中层的第二相分布较为均匀；沿板厚度方向的板面织构呈梯度分布，表面到次中层以剪切织构R-Cube为主，其强度从33.39%降低至18.90%，中心层织构同时出现Cube再结晶织构和以Brass和S为主的变形织构。

3 对称轧制6016铝合金铸轧板组织与织构及性能调控

基于第 2 章制备的 6016 铝合金铸轧板坯，本章展开后续冷轧工艺为对称轧制时板材织构演变规律的理论模拟(VPSC)及实验研究；基于 1.4 节提出再结晶前增加预回复是有效降低板材各向异性的重要途径，本章针对预回复对板材组织、织构及性能的影响展开系统研究。

3.1 实验方案

3.1.1 铸轧板坯轧制实验及检测方法

取初始铸轧板坯为研究对象，其尺寸规格为 6.5mm×100mm×150mm(板坯厚度×板坯宽度×板坯长度)，对板坯的上下表面进行轻微打磨处理。展开板坯对称轧制实验，试样的轧制工艺如表 3-1 所示。

表 3-1 板坯对称轧制工艺

轧制道次	道次压下量/mm	轧后板厚/mm	变形程度/%	真应变
1	2.84	3.66	43.7	0.54
2	1.44	2.22	63.0	0.93
3	0.90	1.32	78.0	1.46
4	0.35	0.97	83.0	1.98

本书实验所用的轧机为课题组自主开发，主要特点是上下轧辊由独立的电机驱动，功率为 10kW；上辊辊速可调，其范围是 0～2.90rad/s，下辊辊速恒

为 1.57rad/s。对称轧制时，上下辊速相同，均为 1.57rad/s。轧机的参数见表 3-2。

表 3-2　轧机参数

参数	数值
轧辊辊径/mm	100
轧辊宽度/mm	130
最大咬入量/mm	25
轧制力/t	6

由于对称轧制板材组织呈中心对称，本书在定量分析沿板厚方向不同部位织构随变形程度的演变时，分别在 4 个轧制道次后的板材表层（$S=0.96$），半中层（$S=0.5$）和中心层（$S=0$）取样，S 的表达式如下：

$$S=\frac{d}{0.5h} \tag{3-1}$$

式中　d——取样位置到板中心的距离；

h——板材的厚度。

织构检测样品在 RD-TD 平面取样，如图 3-1 所示。宏观织构的检测方法如 2.3.1 所述。

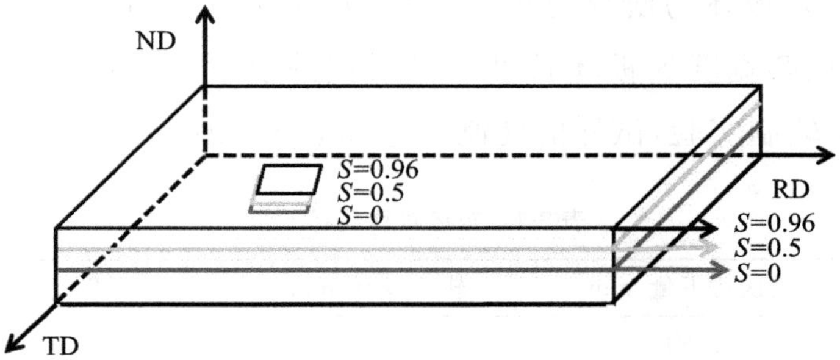

图 3-1　轧制板材织构检测取样示意图

（ND—板面法向，RD—轧制方向，TD—板面横向）

3.1.2　退火实验及检测方法

板材由 6.5mm 轧制到 1.0mm 后，将样品在不同温度-时间下进行退火处理，随后统一在盐浴炉进行再结晶处理，水冷。由于 6×××系板材在高于 320℃条件下退火处理时，板材可以发生再结晶，同时，在 400℃退火时，板材发生快速软化，其再结晶特征显著。因此本书在研究板材的再结晶行为时，选择的退火工艺为：400℃×10^3s。在室温条件下，使用 50g 的载荷进行维氏硬度(HV)的测量，借助 Sigmascope EX 8 测定样品的电导率，各个状态的样品通过五个测试值求其平均数获得最终实验数据。

背散电子衍射(EBSD)样品从板材纵截面(ND-RD)取样，经过机械抛光后，在溶液(10mL$HClO_4$＋90mL C_2H_6O)中完成电解抛光，电解抛光工艺为：25℃，电压 15～20V，电流尽可能小，时间 3～4s。借助 Sirion 200 双束电子显微镜在 20kV 的加速电压条件下完成样品 EBSD 表征，选用的步长为 0.4～2.0μm，所有样品的观察位置均位于样品中心部位。

透射电镜(TEM)样品从板面(RD-TD)取样，样品机械磨抛光至 60～70μm，冲成 ϕ3mm 圆片，在溶液(60mL HNO_3＋140mL CH_3OH)中完成双喷减薄，借助 JEM-2100F 透射电镜在 200kV 的加速电压条件下完成表征。

板材的单轴拉伸试验根据 GB/T 5027—2007 完成，取样位置分别为平行于轧制方向、与轧制方向呈 45°和垂直于轧制方向。试验时拉伸速度设定为 2mm/min，每组样品设置 5 个平行试样，测得结果取其平均值。通过完成 20％预拉伸，计算板材的塑性应变指数 r 值，并根据三向 r 值，计算板面法向各向异性($\bar{r}$)和平面塑性各向异性(Δr)，如式(1-1)至式(1-3)所述。

3.2　铸轧板对称轧制过程中织构的演变规律研究

3.2.1　铸轧板初始织构演变的模拟研究

铸轧板坯从表面到中心层的 ODF 图如 3-2 所示，再结合表 2-4 对沿板厚度方向不同部位初始织构体积分数的统计结果，可以定量地确定板坯初始织构组分的不均匀分布。铸轧时，板面直接跟轧辊接触且受到较强的摩擦力，该摩擦力从表层到中心呈非线性减小，导致剪切变形从表面到中心层逐步降低。因此，R-Cube 剪切织构的取向密度在表面达到最大，在半中层显著减小，而中心层则以变形织构为主，同时产生少量再结晶织构。由于铸轧板坯主要初始织构特征是沿 ND 向不均匀分布的 R-Cube 剪切织构，本书通过 VPSC 模拟结合实验研究 R-Cube 取向随变形程度增加的演变规律及其对板材终态变形织构的影响。

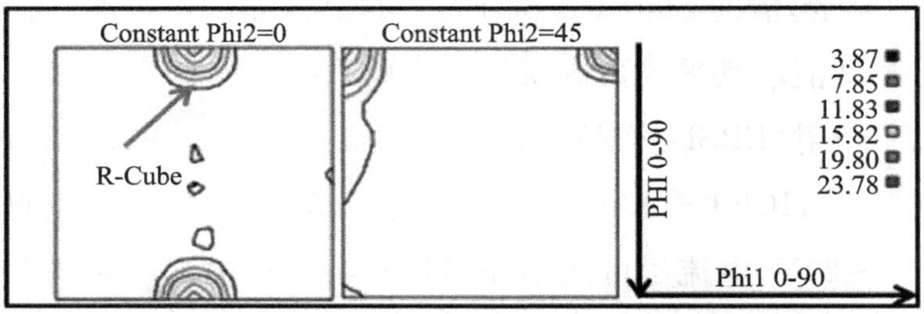

(a)

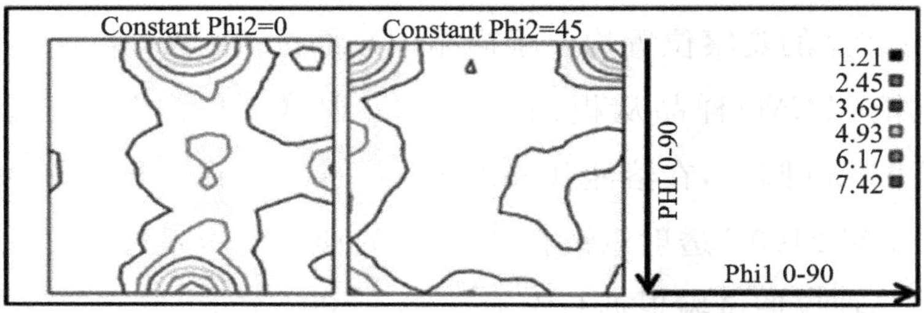

(b)

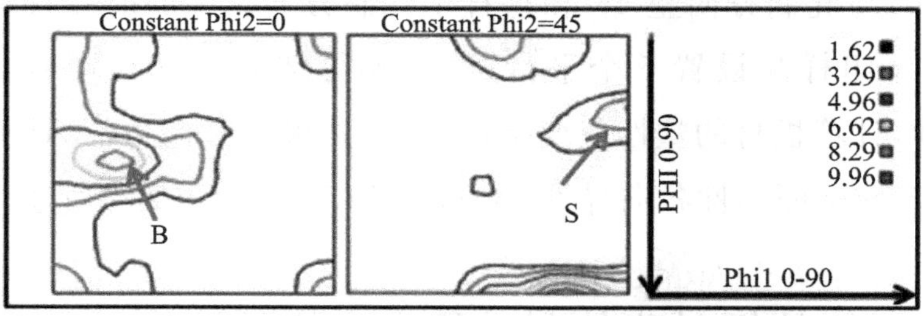

(c)

图 3-2　初始铸轧板 ODF 图($\varphi_2=0°,45°$)

(a)$S=0.96$;(b)$S=0.5$;(c)$S=0$

借助 VPSC 模型进行织构模拟时，只考虑{111}＜110＞滑移系。假设初始晶粒个数为 1000，初始织构输入数据是通过基于粒子群优化方法的织构组分取向 MATLAB 离散化获得的[16]。

图 3-3 为沿铸轧方向取样的初始铸轧板坯单轴拉伸应力-应变图。施加应变时，使用 Voce 硬化模型[式(3-2)]描述晶体变形过程中的塑性响应：

$$\tau = \tau_0 + (\tau_1 + \theta_1 \Gamma)\left(1 - \exp\left(-\Gamma\left|\frac{\theta_0}{\tau_1}\right|\right)\right) \tag{3-2}$$

式中　τ_0、τ_1——滑移系的初始临界分解剪切应力、稳态临界分解剪切应力；

θ_0、θ_1——滑移系的初始硬化率和终态硬化率。

根据铸轧板坯单轴拉伸应力-应变曲线，拟合得到初始硬化模型输入参数值(图 3-3)：τ_0=107.24MPa，τ_1=54.53MPa，θ_0=49.90 和 θ_1=2.22。

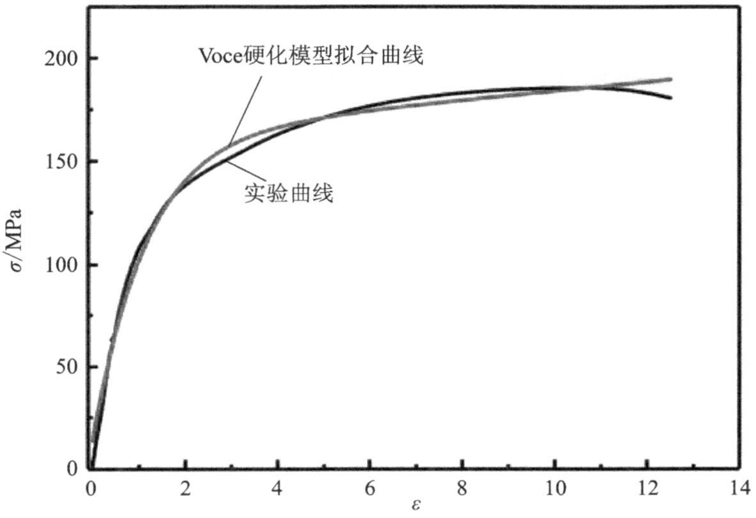

图 3-3　单轴拉伸条件下实验测试和拟合的应力-应变曲线

图 3-4 给出了(001)[110]织构真应变从 0 增加到 2.0 的 ODF 模拟图。结合图 3-4(h)晶粒取向流动示意图分析得出，随着应变逐步增加到 0.1，一部分(001)[110]晶粒取向绕 ND 方向旋转至 Cube 取向(旋转路径①)，另一部分绕 η 取向线旋转至 D 取向并扩散至 C 取向(旋转路径②)。随着应变从0.1增加至 2.0，一部分 Cube 晶粒取向绕 RD 方向旋转至 G 取向，经 α 取向线稳定在 B 取向(旋转路径③)，另一部分 Cube 取向直接转向 C 取向(旋转路径④)。此外，随着变形程度的增加，部分具有自由取向的初始晶粒逐步转向 β 取向线。因此，当变形结束后，原来的初始(001)[110]织构消失，对称轧制织构组分(B、C)显著增加。

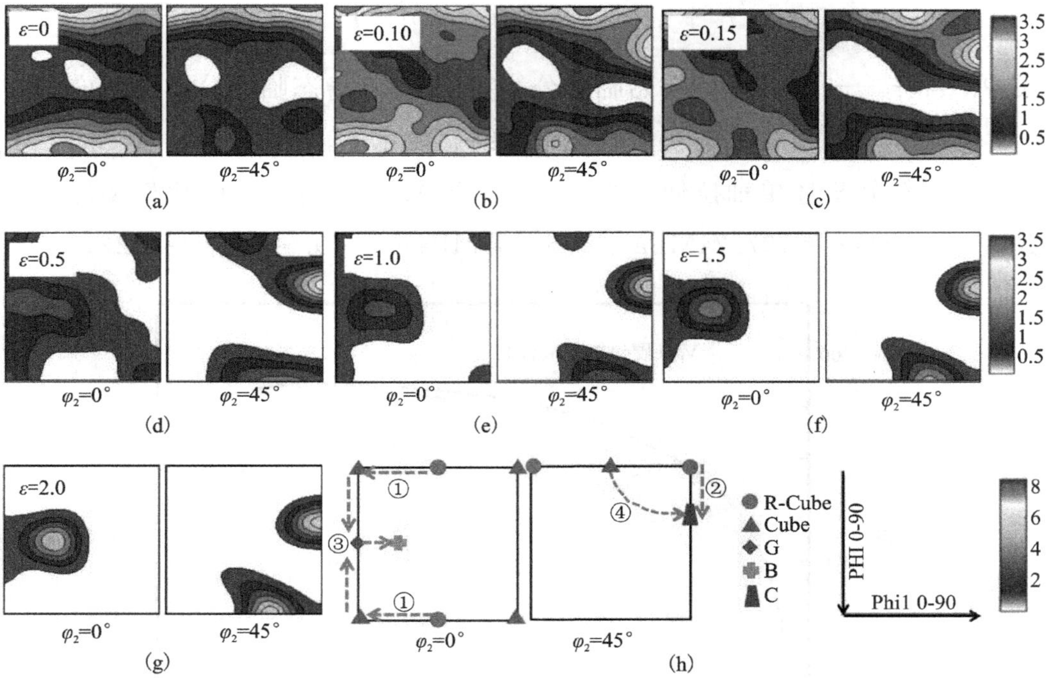

图 3-4　VPSC 模拟结果

(a)～(g)不同真应变条件下，VPSC 模拟的(001)[110]织构 ODF 图($\varphi_2=0°,45°$)；(h)取向旋转示意图

3.2.2　对称轧制铸轧板织构的演变规律研究

板材表面、次中层和中心层织构沿 α 取向线(φ_1：0～90°；$\varphi=45°$；$\varphi_2=0°$)随变形程度的变化规律如图 3-5 所示。由于本书主要描述 G 和 B 织构的演变规律，因此，在分析 α 取向线时选取的 φ_1 为 0～35°。由上述 VPSC 模拟结果可知，当真应变为 0.1 时，初始 R-Cube 取向已经转向 Cube 取向，继续增加真应变到 2.0，晶粒取向继续沿路径③转动，最终稳定在 B 取向。板材表面和半中层织构演变的检测结果表明，真应变从 0.54 增加到 1.98，α 取向线密度与变形程度基本呈正相关。轧制完成后，晶粒取向在 B 取向处聚集，与模拟的趋势一致。然而，中心层的晶粒取向随变形程度的增加，变化比较乱，其原因是中心层初始织构包含有部分轧制织构和再结晶织构，在后续冷轧过程中，为协调变形而激活的滑移系比较复杂，产生局部不均匀变形，使得晶粒取向离散。

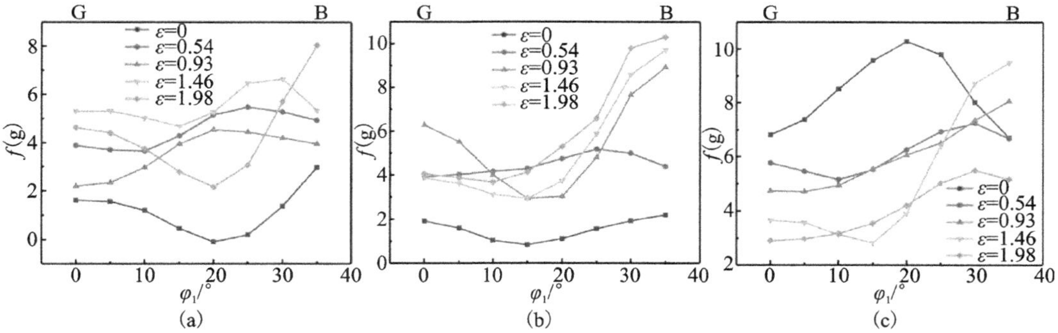

图 3-5 随着真应变的增加，沿 α 取向线密度的变化规律

(a)$S=0.96$;(b)$S=0.50$;(c)$S=0$

随着变形程度的增加，板材沿厚向不同部位样品的 β 取向线密度(从 C 取向经 S 取向到 B 取向)和 η 取向线密度($\varphi_1=90°$;φ:0°～45°;$\varphi_2=45°$)分布如图 3-6 和图 3-7 所示。板表面和次中层的 β 取向线密度随变形程度的增加呈规律性增加。研究表明，晶粒取向在平面压缩应变条件下，向 β 取向线聚集，尤其是 B 和 C 取向密度增加最为明显。而 η 取向线的变化规律是初始 R-Cube 取向密度随着变形程度的增加而逐步减小，D/C 取向密度随之增加。由 VPSC 模拟结果可知，初始 R-Cube 织构对变形程度的敏感性较高，应变为 0.10 时，R-Cube 开始发生转变；在实际变形时，当应变为 0.54 时，R-Cube 的峰值密度骤然下降，当应变从 0.54 增加至 1.98 时，初始取向密度进一步降低。由此可知，VPSC 模拟的 R-Cube 随应变增加的变化趋势与实验结果相符合。此外，板材中心层的晶粒取向随变形程度增加变化较小，主要特征是沿 β 取向线旋转至 B 取向，沿 η 取向线集中在 D 至 C 取向周围。因此，变形结束后，板坯初始织构消失，沿板厚度方向形成典型的轧制织构组分。

综上分析，变形主要影响表面和次中层的织构组态，对于中心层的织构影响比较微弱。实验研究的织构演变规律与 VPSC 模拟结果基本相符，即在考虑初始织构条件下，织构随变形程度增加，初始织构 R-Cube 随变形程度的增加急剧下降，同时晶粒取向旋转至 B 和 C 取向，结合其他取向晶粒在轧制时的旋转特征，共同导致板材表面和次中层组织在变形终了后形成高密度的轧制织构取向。

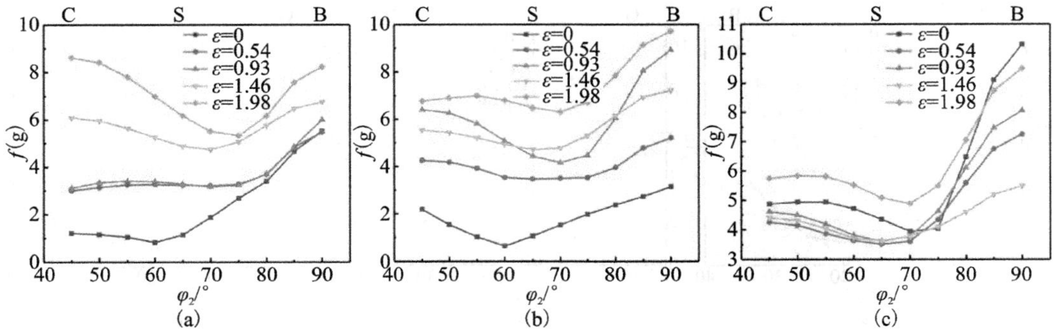

图 3-6 随着真应变的增加，沿 β 取向线密度的变化规律

(a)S=0.96;(b)S=0.50;(c)S=0

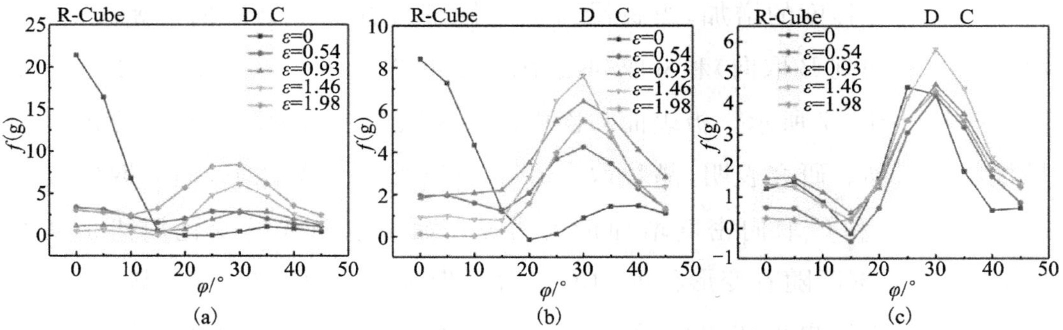

图 3-7 随着真应变的增加，沿 η 取向线密度的变化规律

(a)S=0.96;(b)S=0.50;(c)S=0

3.2.3 织构沿板厚度方向的不均匀分布特征

铸轧板坯对称轧制后，ODF 图如图 3-8 所示，沿板厚度方向的织构组分及体积分数如表 3-3 所示。板材变形时受初始晶粒取向以及接触摩擦力的影响，使得板材局部应变状态呈现不均匀特征，导致不同厚度部位织构体积分数变动较大。由 3.2.2 研究结果可知，板材变形后 B 和 C 取向密度较大，S 取向密度小一些。但是，织构体积分数的检测结果与取向密度分布规律相反，即 B 和 C 的体积分数小于 S。这是因为 S 取向的空间对称性比其他轧制织构的空间对称性低，反映在取向线上就是其取向密度较小，但实际体积分数很高。板材表层的 S 织构体积分数高于次中层和中心层，主要原因是表面受到强接触摩擦力促使 C 取向晶粒向 S 取向晶粒发散。因此，轧制终了沿板

厚度方向的变形织构分布是不均匀的。此外，分析ODF图，可以观察到沿板厚度方向呈现出少量的Cube织构。由1.4节论述可知，变形终了板材残留的Cube织构会对后续再结晶织构的形核-长大产生显著的影响。

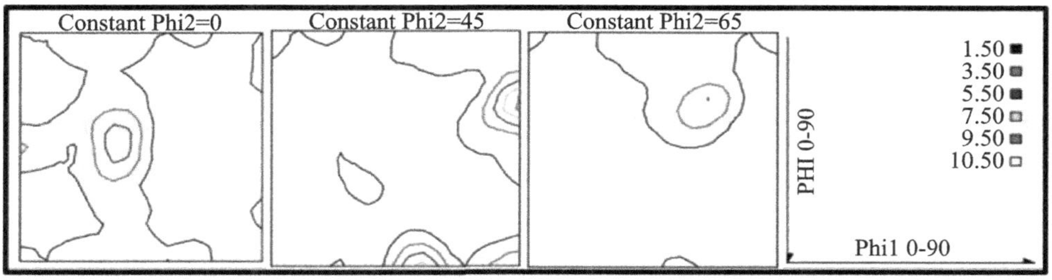

(a)

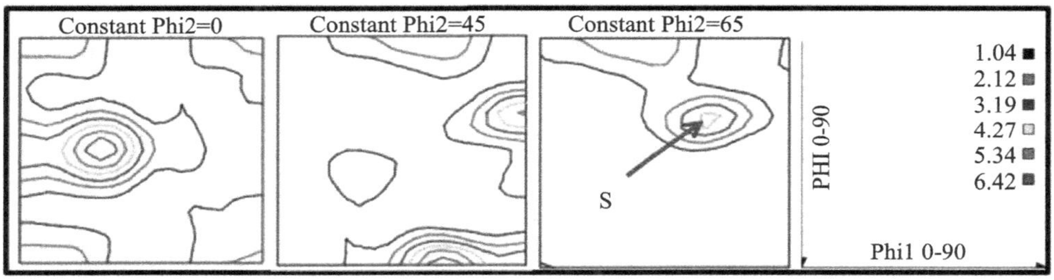

(b)

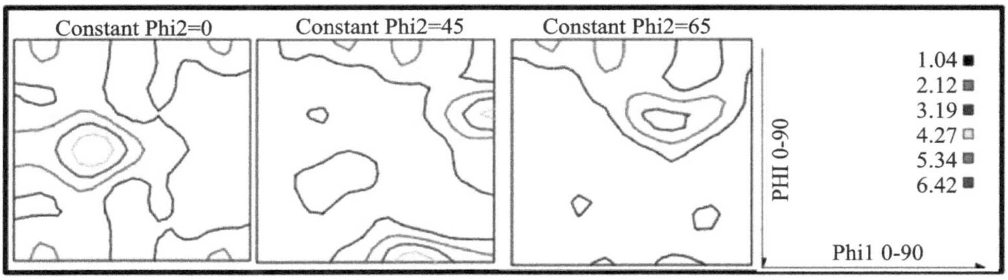

(c)

图3-8 冷轧变形后，沿板厚度方向的ODF图

(a)$S=0.96$;(b)$S=0.50$;(c)$S=0$

表3-3 板材冷轧变形后沿板厚度方向织构组分及体积分数(%)

样品/织构组分	C	S	B
表面	13.77	37.27	13.14
次中层	12.81	14.11	13.70
中心层	15.76	17.04	9.24

综合上述分析，结合1.3.2节的论述，铸轧板坯在经过对称轧制后，形成了沿板厚度方向不均匀分布的织构梯度。该不均匀分布具有遗传性，退火时，局部应变集中的区域再结晶驱动能较大，可以吞噬其他低应变区。同时，变形区的取向也会影响再结晶行为，导致再结晶晶粒尺寸沿板厚方向分布不均匀。组织的不均匀以及典型再结晶织构的发展引起板材的各向异性。因此，针对对称轧制后不均匀的板材组织，本书引入再结晶前预回复来优化板材的组织及织构。

3.3 预回复对6016铝合金铸轧板组织与织构及性能的影响

3.3.1 板材退火行为研究

冷轧板材在不同温度-时间退火条件下的硬度变化如图3-9(a)和图3-9(b)所示。当退火温度小于280℃时，板材主要以回复为主，硬度随保温时间的增加变化比较平缓，其硬度变化在保温1h后较为明显；当退火温度超过280℃时，保温1h后，板材发生明显软化。因此，根据硬度数据，实验选取了五种不同软化程度的预回复工艺，分别为冷轧样品(PR-A)、80℃×1h(PR-B)、160℃×1h(PR-C)、240℃×1h(PR-D)和280℃×1h(PR-E)预回复样品[图3-9(c)]。随着预回复温度从室温增加至280℃，样品的硬度从83.5HV降低到56.4HV，软化程度提高至32.1%。同时，预回复温度小于160℃时，样品的电导率基本保持在51%IACS，当温度升高到280℃时，样品电导率增大到了56%IACS[图3-9(d)]。

3.3.2 预回复对微观组织及织构的影响

不同预回复样品的TEM组织如图3-10所示。图3-10(a)为未经过预回复处理的样品，其亚结构由不规则缠结的位错组成，尺寸约为198.4nm。在经过预回复处理后，这些不规则的位错发生了湮灭和重排。随着温度从80℃升高到280℃，亚晶开始形成并逐步粗化[图3-10(b)至图3-10(e)]，其尺寸从205.6nm增加到1.0μm以上。在160℃，亚晶的粗化通过收缩中心的亚晶界

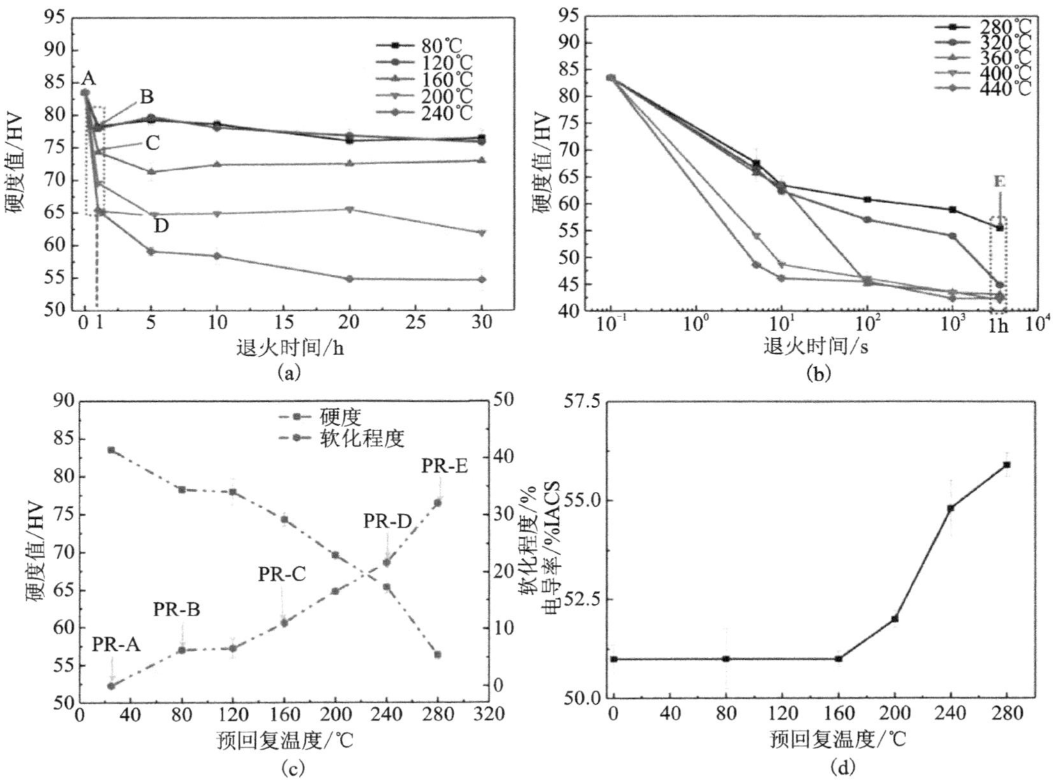

图 3-9　材料退火行为分析

(a)、(b)不同温度-时间退火条件下的硬度变化趋势图；(c)不同退火条件下样品的硬度关联软化程度图；(d)不同预回复样品的电导率变化图

来实现，亚晶界迁移驱动力一部分来自界面张力，另一部分源自位错的攀移。当样品在 280℃条件下预回复时，MgSi 相沿着亚晶界加速析出[图 3-10(e)]。由此可知，预回复通过调控亚晶尺寸和第二相析出，进而影响板材后续再结晶行为、晶粒组织和力学性能。

预回复样品在 400℃×10^3 s 再结晶退火的微观组织如图 3-11 所示。不同预回复处理的样品再结晶微观组织呈现出明显的区别。借助 Channel5 软件统计得出样品的晶粒尺寸如表 3-4 所示。观察 PR-A 样品[图 3-11(a)]，可以发现较大尺寸的层状组织（约为 67.40μm）和小长宽比的细小组织（约为 2.80μm）同时出现在再结晶后的基体内，平均晶粒尺寸约为 37.17μm。对于 PR-C 样品[图 3-11(c)]，再结晶后形成大量的细晶组织，平均晶粒尺寸约为

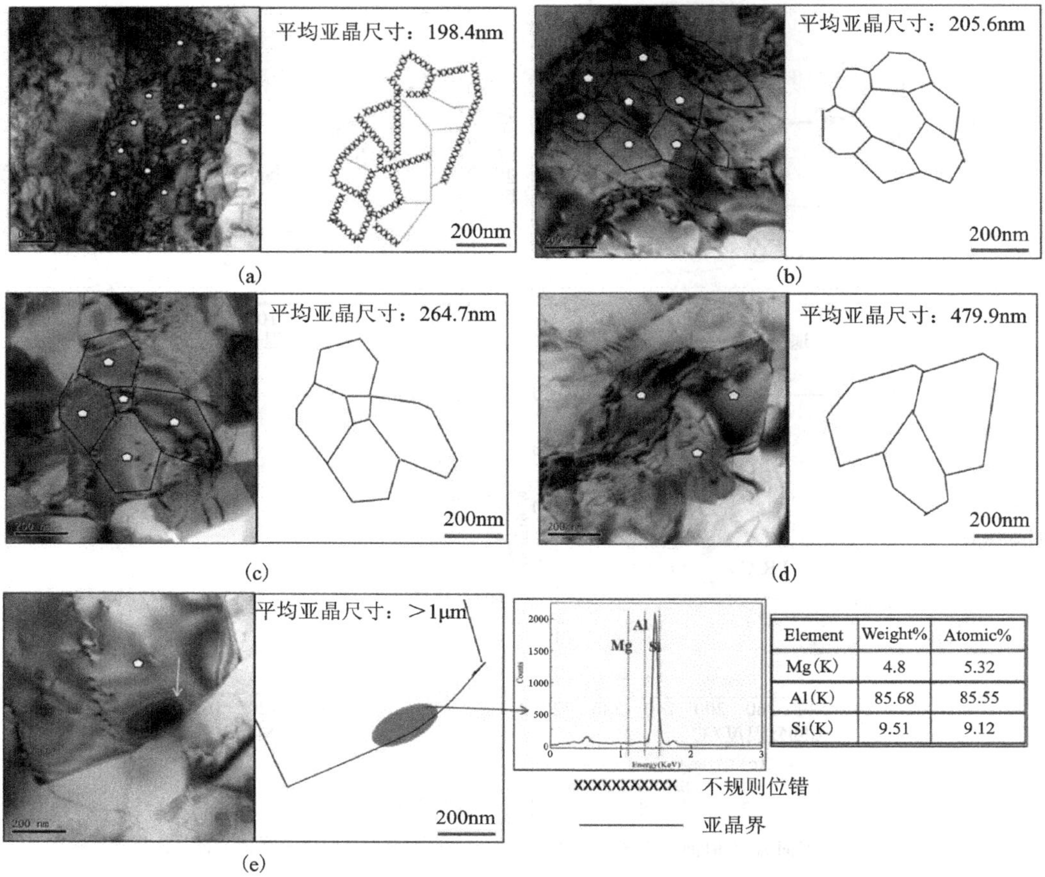

图 3-10　不同预回复样品的 TEM 图

(a)PR-A；(b)PR-B；(c)PR-C；(d)PR-D；(e)PR-E

11.48μm。退火过程中晶界向 ND 方向的迁移被冷轧过程中形成的沿 RD 方向分布的第二相粒子阻碍，因此，PR-D 样品晶粒组织出现较大的长宽比[图 3-11(d)]。在 280℃进行预回复时，亚晶界出现 MgSi 相，在后续再结晶过程中，第二相通过钉扎亚晶界迁移阻碍了再结晶形核，导致 PR-E 样品的晶核数量减少，再结晶后形成平均晶粒尺寸较大，约为 38.86μm[图 3-11(e)]。

为了定量分析预回复对组织的影响，使用 Channel5 软件分别统计了图 3-11 中粗大晶粒和细小晶粒的面积和长宽比值占比。比值随预回复温度的变化如图 3-12 所示。在统计过程中，设定晶粒面积为 100μm^2 和长宽比为 2 两个阈值[39]。当分析的图片内组织同时大于上述两个阈值时，则界定为粗大

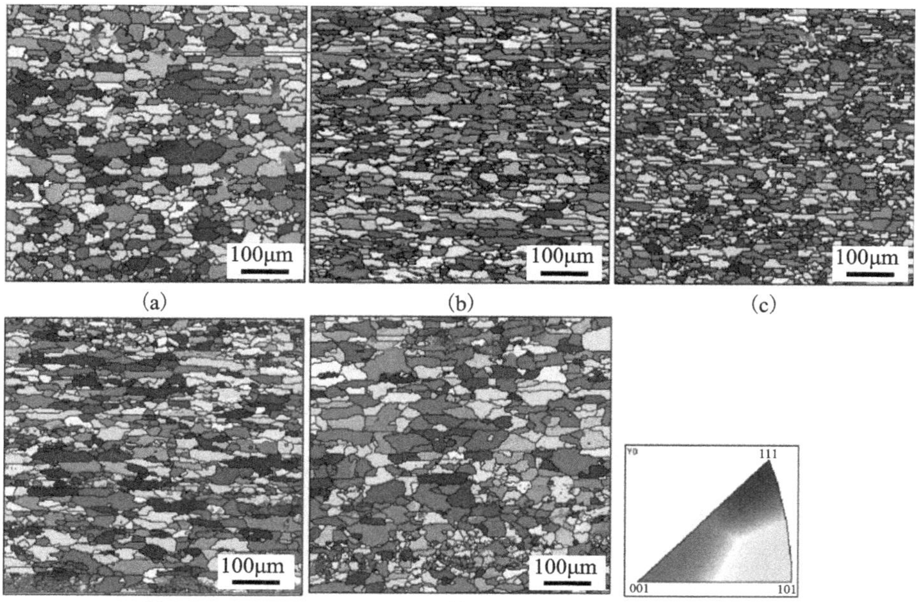

图 3-11 预回复样品在 400℃×10^3 s 退火后的 EBSD 反极图

(a)PR-A;(b)PR-B;(c)PR-C;(d)PR-D;(e)PR-E

表 3-4 不同预回复样品再结晶后的晶粒尺寸(单位:μm)

样品	最大值	最小值	平均值	Cube 取向晶粒	P 取向晶粒	ND-Cube 取向晶粒
PR-A	67.40	2.8	37.17	29.75	27.52	40.00
PR-B	48.60	1.2	19.75	33.05	32.09	29.49
PR-C	39.47	0.8	11.48	25.73	21.57	23.02
PR-D	55.60	2.2	22.43	28.67	26.18	26.24
PR-E	55.92	2.3	38.86	33.50	27.72	39.00

晶粒;当同时小于这两个阈值时,则界定为细小晶粒。从统计图中可以观察到,随着预回复温度的增大,细小晶粒的整体占比先增大后减小,粗大晶粒的占比先减小后增大,在160℃时同时出现拐点。因此,PR-C样品再结晶后的组织细化效果最为显著。

观察图3-11和图3-12得出,组织不均匀是再结晶后板材的主要特征。基体晶粒尺寸的分布范围较宽,沿着RD方向同时包含由小于1μm到大于60μm的晶粒,沿着ND方向同时包含由小于1μm到接近40μm的晶粒。板材的变形不均匀导致再结晶形核优先在应变集中区发生，而其他变形区的储能低，形核驱动力弱，在后续长大过程中，这些区域通常会被大角度晶界的迁移所吞噬，导致再结晶组织不均匀。

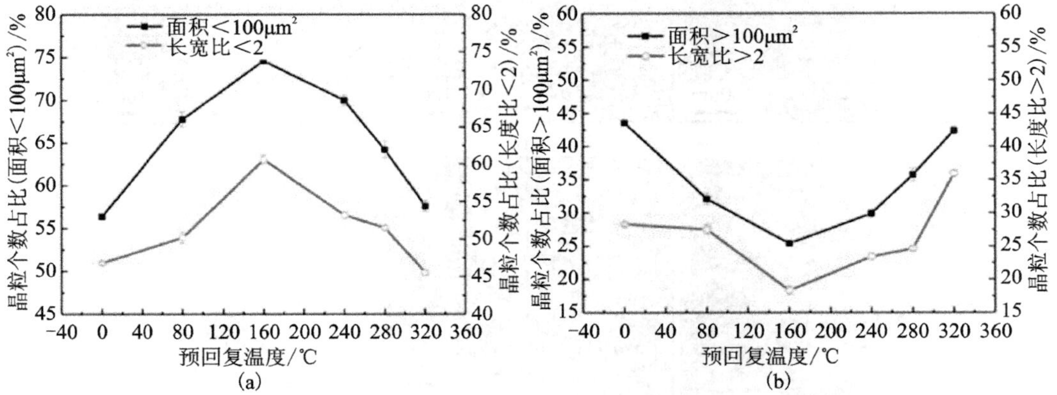

图 3-12　不同预回复温度下的晶粒面积与长宽比

(a)晶粒面积<$100\mu m^2$，长宽比<2；(b)晶粒面积>$100\mu m^2$，长宽比>2

图 3-13 为不同预回复样品再结晶退火的 ODF 图，主要再结晶晶粒取向的面积占比如表 3-5 所示。对于 PR-A 样品，出现 Cube-ND 织构和 P 织构，而 Cube 织构较弱。其原因是由于在再结晶时，第二相析出与再结晶同时发生，促进了 P 织构的形成[115]。预回复处理的样品，随着预回复温度的升高，再结晶后 Cube 织构逐步增强。主要原因是预回复样品促进了铸轧板材过饱

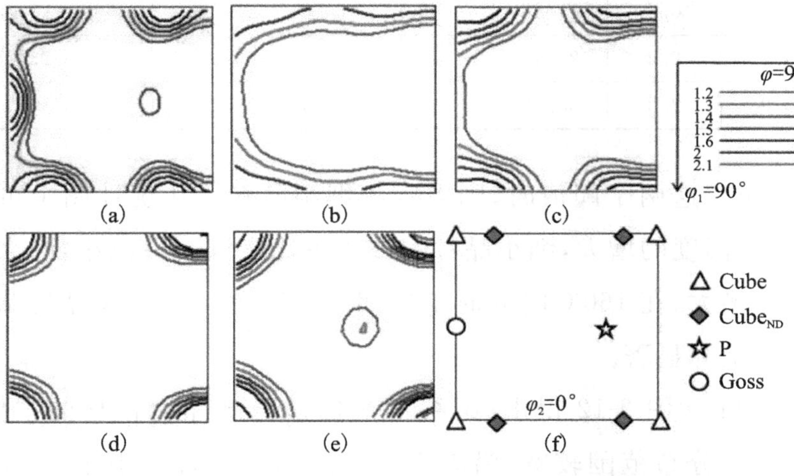

图 3-13　不同预回复样品在 400℃×10^3 s 再结晶退火后的 ODF 图($\varphi_2=0°$)

(a)PR-A；(b)PR-B；(c)PR-C；(d)PR-D；(e)PR-E；(f)典型织构在 $\varphi_2=0°$的位置示意图

和第二相粒子的析出，而再结晶前析出的第二相对 Cube 取向晶粒的生长抑制作用较弱。因此，经 160℃预回复处理的板材，其再结晶晶粒尺寸最小，但是与未预处理的板材相比，由于预回复促进了第二相的析出，导致 Cube 织构强度得以微弱增加。因此，本书继续针对预回复处理后板材的组织均匀性展开论述。

表 3-5 不同预回复样品再结晶后的织构面积占比

样品	Cube(%)	$Cube_{ND}$(%)	P(%)	Random(%)
PR-A	3.7	10.6	7.03	78.67
PR-B	4.46	9.61	4.76	81.17
PR-C	5.42	10.9	4.72	78.96
PR-D	7.55	8.96	5.71	77.78
PR-E	8.29	10.2	6.4	75.11

3.3.3 预回复处理板材的组织均匀性研究

预回复样品再结晶处理后的组织均匀程度通过系数 CV 来表示，如式(3-3)至式(3-5)。

$$CV = SD/MN \tag{3-3}$$

$$SD = \sqrt{\frac{1}{N}\sum_{i=1}^{N}(x_i - MN)^2} \tag{3-4}$$

$$MN = \frac{1}{N}\sum_{i=1}^{N} x_i \tag{3-5}$$

式中 SD——标准偏差；

MN——平均晶粒面积；

x_i——单个晶粒面积；

N——晶粒数；

CV——再结晶后样品晶粒面积的离散程度，CV 值越小，离散程度越小，组织均匀性越好。

预回复样品经再结晶处理后组织均匀性表征参数 CV 值如表 3-6 所示。

未经预回复处理的样品不均匀程度高，CV 值最大为 1.9。其原因是：根据 1.3.2 节的论述，板材对称轧制时，不均匀的变形导致基体储能不均匀以及织构不均匀，该不均匀性促进再结晶不均匀形核和长大。具有取向和能量优势的变形区会快速长大，形成粗大组织，而其他区域的晶粒生长被阻碍或者直接被吞噬，形成“孤岛”状细小组织。因此，板材组织晶粒尺寸差异较大。

表 3-6　不同预回复样品再结晶退火后的 *CV* 值及相关参数

样品	N	$MN/\mu m^2$	$SD/\mu m^2$	CV
PR-A	1653	196.44	373.24	1.90
PR-B	2911	119.74	195.68	1.63
PR-C	4890	83.79	116.66	1.39
PR-D	1757	154.50	224.02	1.45
PR-E	1269	189.03	283.92	1.5

样品经过预回复处理后，较高储能变形区通过位错的湮灭和重排以及驱动亚晶粗化释放能量，降低了变形组织的储能不平衡，提高了其均匀性。同时，预回复增加了随机取向形核的亚晶数量，原先具有取向优势的亚晶形核被弱化，最终提高了随机取向晶粒的占比，板材的组织均匀性也得以提高。因此，PR-C 样品的组织均匀程度最高。由此可知，通过调控预回复温度，板材可以获得高均匀性的组织。

综上所述，预回复通过影响板材亚晶组织改变了后续再结晶过程中的形核-长大条件，进而影响再结晶终了的织构组态和微观组织形貌以及板材组织均匀性，最终导致板材的成形性和力学性能发生变化。

3.3.4　预回复对板材性能的影响

板材再结晶退火后沿 RD、45°//RD 和 TD 的屈服强度（YS）、抗拉强度（UTS）、延伸率、$\bar{r}$ 值和平面各向异性 Δr 如表 3-6 和图 3-14 所示。与 PR-A 样品相比，随着预回复温度升高至 160℃（PR-C），再结晶后的样品三向强度均得以提高：沿轧制方向的抗拉强度从 115MPa 提高到 133MPa，屈服强度从 77MPa 提高到 90MPa；与轧制呈 45°方向的样品抗拉强度从 117MPa 提高到

130MPa，屈服强度从 73MPa 提高到 80MPa；垂直于轧制方向的样品抗拉强度从 110MPa 提高到 130MPa，屈服强度从 70MPa 提高到 80MPa。随着样品预回复温度的进一步提高，三向力学性能均出现降低。再结晶前预回复温度对板材的强度影响较为显著，而对样品的三向延伸率变化不明显。

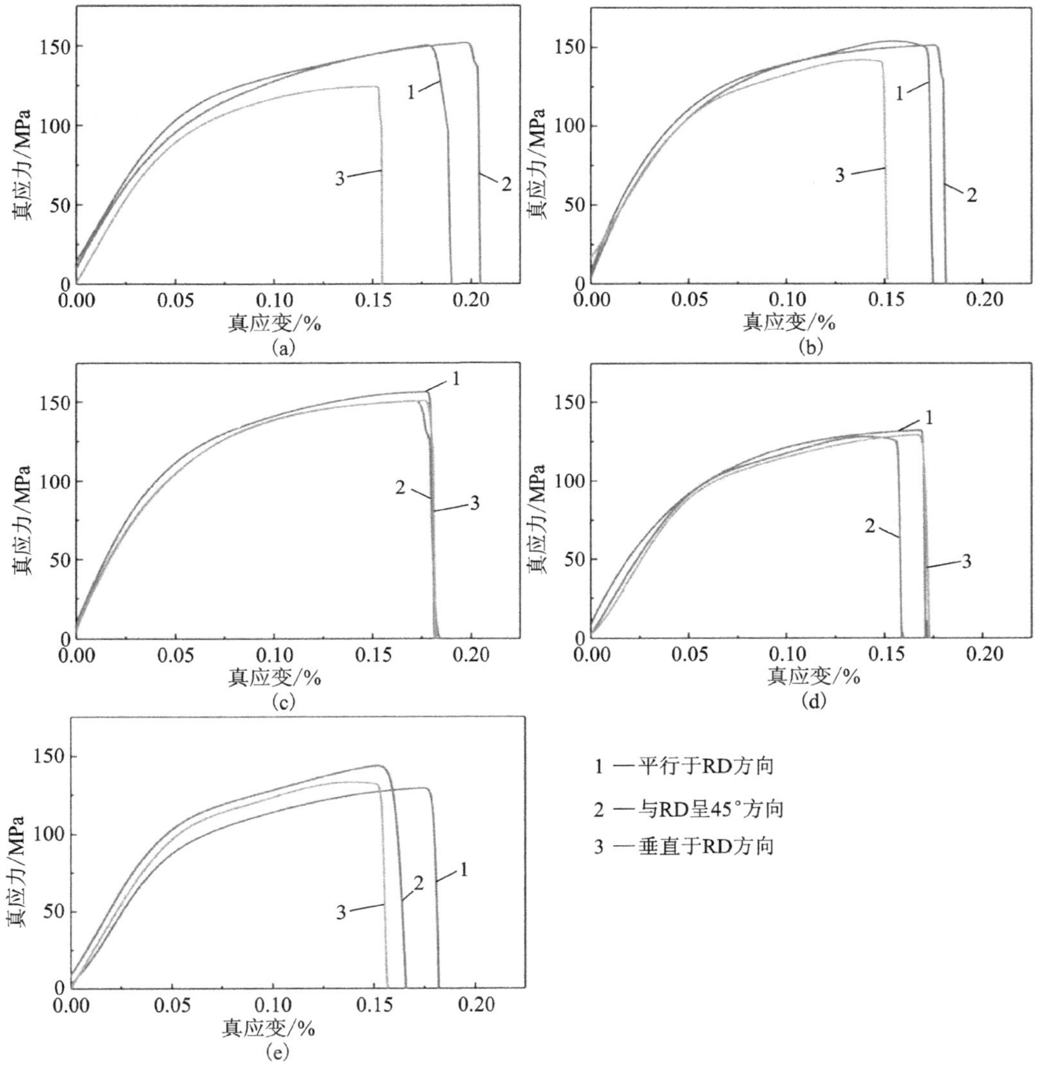

图 3-14　不同预回复样品再结晶退火后沿 RD、45°//RD 和 TD 方向的真应力-真应变图

(a)PR-A；(b)PR-B；(c)PR-C；(d)PR-D；(e)PR-E

板材的成形性通常用 Lankford 值（r 值）来表示，如式(1-1)所示。但板材在实际变形时，由于厚度方向的变化量很难精确测量，一般采用标距内的

变化量来替代，具体计算公式如下：

$$r=\frac{\ln\frac{b}{b_0}}{\ln(\frac{b_0 l_0}{bl})} \tag{3-6}$$

式中　l_0、b_0——试件变形前标距内的长度和宽度尺寸；

l、b——试件变形后标距内的长度和宽度尺寸。

根据式(1-2)和式(1-3)，计算得到的板材 $\bar{r}$ 值和 Δr 值如表 3-7 所示。未经预时效处理的板材，在 0°的 r 值为 0.7，在 45°的 r 值为 0.71，而在 90°的 r 值仅为 0.45，导致板材的 Δr 值较高(为 0.26)，板材各向异性显著。随着预时效温度的提高，在 160℃处理后，样品的三向 r 值均达到 0.7 以上，$\bar{r}$ 可以达到 0.73，平面各向异性 Δr 降到最低(为 0.005)，板材的成形性能得到优化。随着预回复温度的进一步提高，板材的三向 r 值降低，同时 Δr 略有升高。由此可知，板材成形性能与力学性能随预回复温度的升高，呈现出先升高后降低的趋势，并在 160℃达到最佳。同时，结合图 3-10、图 3-11 和图 3-12，板材的微观组织与力学性能的变化趋势具有对应的关系。综上所述，比较板材的组织和性能，证明在再结晶前添加预回复虽然对 Cube 织构的调控效应较弱，但是显著提高了板材组织均匀性，进而实现板材成形性能和力学性能的优化。

表 3-7　不同预回复样品再结晶退火后屈服强度(*YS*)、抗拉强度(*UTS*)、延伸率、*r* 值、$\bar{r}$ 和 Δr

样品	拉伸方向	*YS*/MPa	*UTS*/MPa	延伸率/%	r	$\bar{r}$	Δr
PR-A	RD	77	115	25.1	0.70	0.64	0.26
	45°	73	117	22.1	0.71		
	TD	70	110	16.2	0.45		
PR-B	RD	93	123	21.7	0.53	0.59	0.12
	45°	80	125	17.9	0.65		
	TD	80	120	18.3	0.54		
PR-C	RD	90	133	19.6	0.74	0.73	0.005
	45°	80	130	20.5	0.73		
	TD	80	130	22.4	0.70		

续表 3-7

样品	拉伸方向	YS/MPa	UTS/MPa	延伸率/%	r	$\bar{r}$	Δr
PR-D	RD	70	116	20.3	0.55	0.6	0.10
	45°	72	117	17.7	0.65		
	TD	70	110	19.4	0.55		
PR-E	RD	67	110	23.4	0.58	0.64	0.085
	45°	75	113	23.2	0.68		
	TD	73	111	20.3	0.61		

3.4　铸轧法制造 6016 铝合金板的预回复优化机理研究

3.4.1　预回复细化再结晶组织机制分析

经过相同程度部分再结晶的预回复样品(PR-A/C/E)形核分布及统计结果如图 3-15 和图 3-16 所示。再结晶形核与第二相形核不同,并不是严格意义上的热力学行为。再结晶晶核源自低位错密度区域,如亚晶或者第二相。不同预回复温度对亚晶尺寸的粗化程度影响显著(图 3-10),进而改变了后续再结晶发生时的形核条件和再结晶行为。因此,完全再结晶后,不同预回复样品的微观组织呈现出明显差异(图 3-11 和图 3-12)。

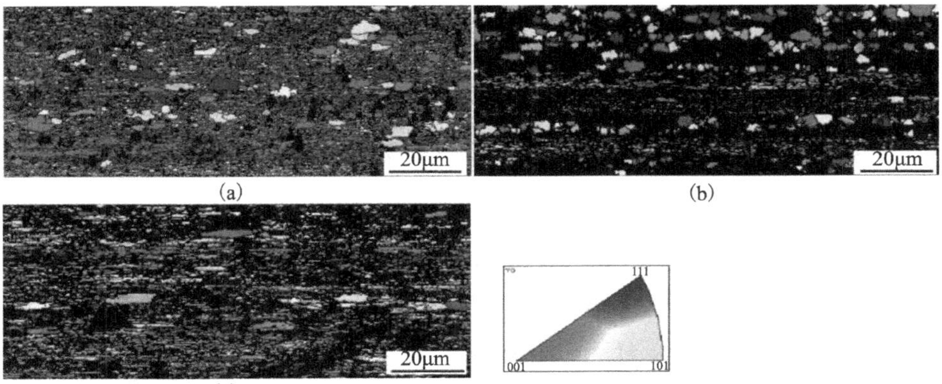

(a)　(b)　(c)

图 3-15　不同预回复样品部分再结晶图

(注:无解析的变形区和第二相用黑色表示)

(a)PR-A(50.12%);(b)PR-C(50.04%);(c)PR-E(50.16%)

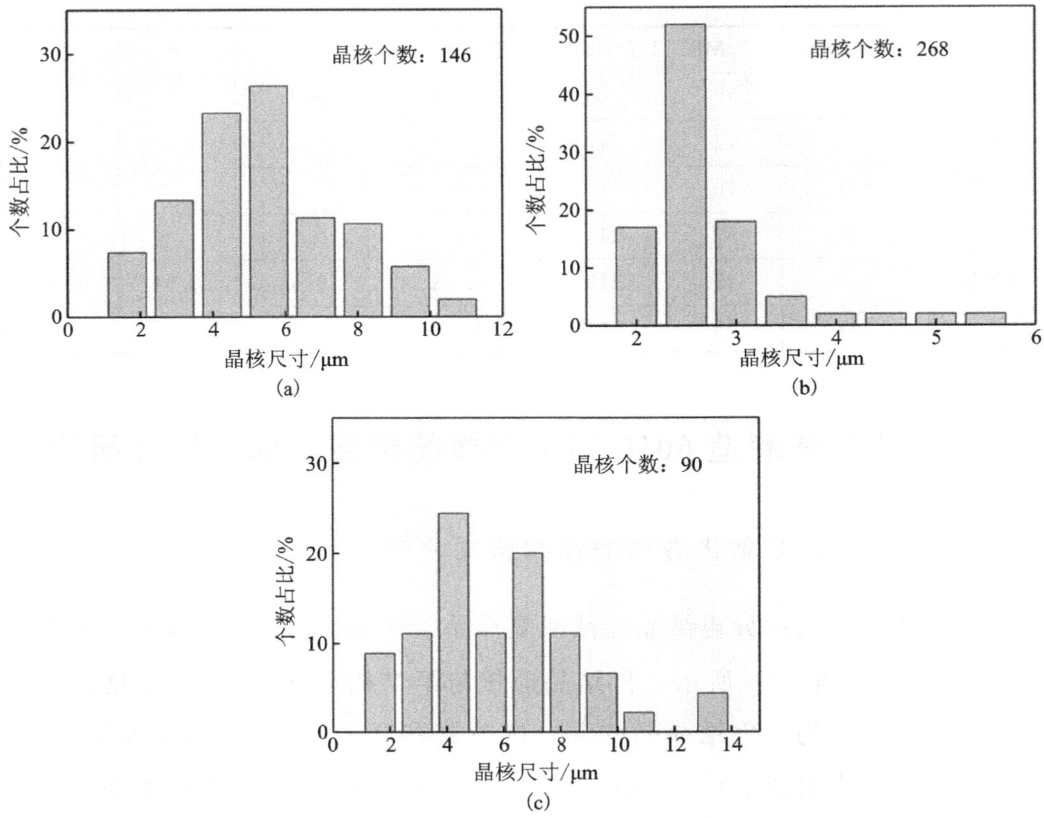

图 3-16　不同预回复样品部分再结晶后的形核尺寸及数量占比

(a)PR-A(50.12%)；(b)PR-C(50.04%)；(c)PR-E(50.16%)

有文献针对 Al-Mn 合金进行预回复，增加了基体的无沉淀析出带(PFZ)，后续再结晶时以 PFZ 为晶核实现形核强化，最终使得基体组织得以细化[116]。对于铸轧 6016 板材，MgSi 相和 AlFeSi 相在预回复时不会发生溶解，没有 PFZ 的形成。因此，形核强化主要靠调控亚晶生长实现。样品在经过 PR-C 处理后，预回复强化了亚晶粗化形核，在后续再结晶过程中能够成功长大至临界尺寸形核的亚晶数量比未经过预回复处理的要多，晶核的增加促进了晶粒尺寸的细化。此外，形核强化受到预回复过程中储能的消耗和第二相析出行为的影响。亚晶成功形核的关键尺寸表达式如下[167]：

$$R_C \geqslant \frac{2\gamma_{GB}}{\Delta P} = \frac{2\gamma_{GB}}{P_D - P_Z} \tag{3-7}$$

式中　γ_{GB}——晶界能；

P_D——再结晶驱动力；

P_Z——Zener 钉扎力。

根据图 3-9(c)可知，预回复处理通过消耗基体储能实现样品的软化。基体的储能一般用变形引入的位错密度来表示，位错密度可以借助 XRD 检测结合修正后的 Williamson-Hall 公式计算得到[如式(3-8)]。XRD 检测的衍射角(2θ)为 10°～90°，扫描速度为 1°/min。

$$\Delta K = \frac{0.9}{D} + \left(\frac{\pi M^2 b^2 \rho}{2}\right)^{1/2} k\sqrt{C} \tag{3-8}$$

式中　$\Delta K = \cos\theta \times \beta / \lambda$（$\beta$ 是最大衍射峰的半高宽，λ 是入射波波长）；

D——相干散射域尺寸；

M——位错排布参数（$M=2$）；

ρ——位错密度；

b——泊氏矢量（$b=0.286$nm）；

k，C——常数[168]。

选取的三种预回复样品的位错密度如图 3-17 所示。在经过 PR-C 处理后，位错密度从未预回复处理的 $1.53\times10^7\ \mathrm{m}^{-2}$ 降到 $0.83\times10^7\ \mathrm{m}^{-2}$。在该温度下预回复损耗的储能较少，在随后的再结晶退火时，式(3-7)中的再结晶驱动力 P_D 较大，这使得亚晶临界形核尺寸较小。基体内大量的亚晶在预回复时产生，这些亚晶成功形核所要求的临界尺寸又比较小，最终有大量的亚晶满足形核要求，提高了基体晶核数量[图 3-15(b)]，细化了再结晶组织。经过 PR-E 处理后的样品，位错密度从 $1.53\times10^7\mathrm{m}^{-2}$ 降到 $0.07\times10^7\mathrm{m}^{-2}$，大量的储能被亚晶粗化[图 3-10(e)]，促使亚晶形核所要求的临界尺寸增大。同时，位于亚晶界第二相的同步析出阻碍亚晶长大至临界形核尺寸，使得只有少量的晶核在再结晶

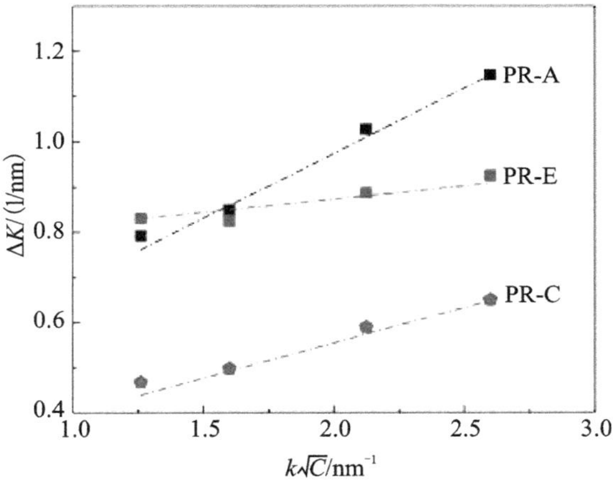

图 3-17　修正后的 Williamson-Hall 图

初期形成[图 3-15(c)],导致完全再结晶后形成粗大组织[图 3-11(e)]。综合上述分析,亚晶粗化形核对预回复温度比较敏感,预回复通过强化亚晶粗化形核可以有效细化基体组织。

3.4.2 预回复对再结晶行为的影响

用 Johnson-Mehl-Avrami-Kolmogorov(JMAK)理论可以描述再结晶行为[式(3-9)][167],如下:

$$X_v = 1 - \exp(-kt^n) \tag{3-9}$$

式中 X_v——再结晶体积分数;

k——常数;

t——退火时间;

n——JMAK 指数。

具有不同软化程度的预回复样品进行再结晶处理,JMAK 指数(n 值)用来描述样品的再结晶动力学特征。通过计算 $\log\{\ln[1/(1-X_v)]\}$ 与 $\log t$ 线性斜率获得 n 值。五种不同预回复处理的样品分别对应五个 n 值(如图 3-18),PR-A 样品的 n 值小于 PR-D 和 PR-E,但是高于 PR-B 和 PR-C。

结合 JMAK 指数(图 3-18)和微观组织(图 3-11)可以得出,再结晶速率受预回复的影响比较明显。对于 PR-A 样品,其 JMAK 指数相对较高(n=1.8)。但是,该值小于晶粒正常生长速率的理论值(n=3 或 4),再结晶长大速率偏低是由于组织生长不均匀导致[167]。板材预回复处理后,PR-C 样品对应的 n=0.48,而 PR-E 样品对应的 n=1.67。通常认为较快的形核速度往往具有较高的 n 值,而形核速度取决于亚晶尺寸。亚晶需要长大至临界形核尺寸并完成与大角度晶界相接,才能够成长为晶核。PR-E 样品的亚晶尺寸较大,其完成形核的速率较快。而 PR-C 样品的亚晶尺寸较小,需要"孕育时间"长大,才能够成功完成形核。因此,PR-E 样品的再结晶速率大于 PR-C 样品。此外,晶粒长大过程中,大角度晶界的迁移速率受到晶界曲率的阻碍作用,而晶界曲率与晶粒尺寸呈负相关。PR-C 样品的晶核较多,再结晶结束后晶粒尺寸较小,形成的晶界曲率较大,阻碍了晶粒的进一步长大。而 PR-E 样品与 PR-C 样品的晶粒生长规律相反,其晶粒在生长时受到晶界曲率的阻碍作用较小,导致最终再结晶组织粗大。因此,在相同热处理条件下,PR-C 样品的晶粒尺寸最小。

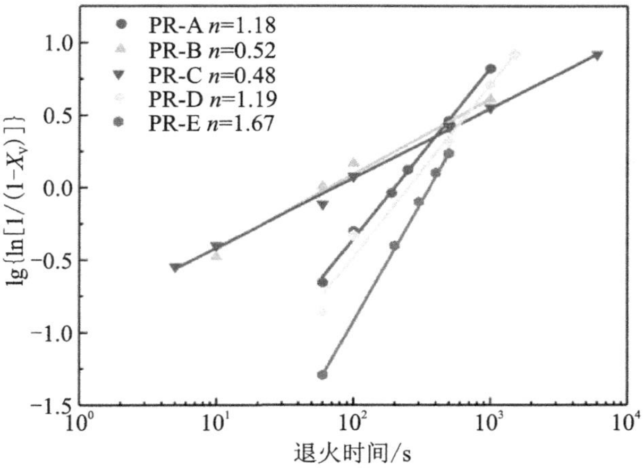

图 3-18 不同预回复样品的 JMAK 指数

3.4.3 预回复强化板材性能机理分析

预回复对板材的性能影响显著(表 3-7),PR-C 样品的三向屈服强度和抗拉强度均得到提升。根据 Hall-Petch 公式($\sigma=\sigma_0+kd^{-1/2}$),材料的强度与晶粒尺寸成反比,因此,再结晶后获得了细晶组织是 PR-C 样品性能得以强化的主要原因。同时,板材的屈服强度受晶体学织构的影响,尤其是 Cube 织构。然而,对于经预回复处理的样品,再结晶后的 Cube 织构的面积占比较小,对板材屈服强度的影响有限。因此,细晶强化是提升预回复板材性能的重要原因。

分析表 3-7,预回复样品再结晶后平面各向异性 Δr 减小。再结晶织构是引起板材各向异性的原因之一,有研究表明,弱化再结晶织构可以减小板材各向异性[116]。此外,组织均匀性也对板材各向异性有影响[39]。具有等轴细晶的板材其各向异性较小,而对于具有粗大拉长晶粒组织的板材各向异性较大。因此,PR-C 样品的细晶和较高组织均匀性特征有效弱化了板材的各向异性,提高了其成形性能。随着预回复温度提高至 280℃,组织均匀性伴随着力学性能均降低。由此可知,通过优化预回复工艺,可以提高 6016 铝合金板材的成形性能和力学性能。

3.5 铸轧法制造6016铝合金板的热处理组织及性能研究

经过预回复处理后的板材，在400℃×10^3 s退火条件下其再结晶行为表明，采用160℃×1h预回复工艺，可以细化板材晶粒并提高组织均匀性，最终实现板材成形性能和力学性能的综合提升。将该预回复工艺应用到板材的固溶处理中，即在板材固溶前进行160℃×1h预回复，固溶后的板材立即水淬。根据前期针对6×××系铝合金板材的固溶工艺研究表明：当固溶温度为545～560℃、保温30min时，基体内的MgSi相可以充分固溶。因此，本书确定的板材固溶工艺为550℃×30min。针对最佳预回复工艺处理的板材经固溶处理以及185℃×20min烤漆处理后的成形性能和烤漆硬化性能展开研究。

3.5.1 固溶处理板材组织表征及分析

未经预回复处理(PR-A)板材和经160℃×1h预回复处理(PR-C)板材固溶淬火后的组织及织构如图3-19所示。经过固溶处理后，板材均完全再结晶。PR-A板材的平均晶粒尺寸是40.31μm，而PR-C板材的平均晶粒尺寸是29.33μm。实验结果表明，固溶前进行预回复处理，显著细化了板材在ND-RD截面的晶粒组织，与图3-11所示结论一致。经统计，PR-A板材的*CV*值为2.10，而PR-C板材的*CV*值为1.34，固溶前进行预回复处理提高了晶粒组织的均匀性。

分析板材固溶后的ODF图，如图3-19(c)和3-19(d)。PR-A板材固溶后的再结晶织构主要是Cube，并沿RD方向呈现出一定的偏转。该类型再结晶织构形成机制是，初始具有Cube取向的晶粒在变形过程中形成具有高取向梯度和位错密度的Cube转变带，该转变带使得初始Cube取向沿RD方向离散，随着变形程度的增加，离散的晶粒取向聚集到Goss取向附近，并沿α取向线转向Brass取向，同时，在变形基体内保留了部分Cube织构。再结晶发生时，位于Cube转变带的变形晶粒组织沿α取向线从Brass取向回转至Goss取向，再沿Cube-RD转向Cube取向[35,38,169]。因此，PR-A板材呈现出Cube向RD方向偏转的织构特征。而PR-C板材主要是沿α取向线分布的

Goss和Brass织构,其中Goss取向密度较大。再结晶形成Goss织构的主要原因是,具有Goss取向的变形晶粒在变形时启动的是四个取向因子相同的滑移系,该变形特征没有引发切应变,因此,受到近邻晶粒的阻碍较少,产生位错塞积的现象也少一些。这使得Goss取向晶粒的位错密度低,再结晶动力小,发生原位再结晶(连续再结晶)[64]。比较PR-A和PR-C板材再结晶织构可知,预回复处理削弱了Cube取向亚晶的形核优势,可避免板材在固溶后形成Cube织构。

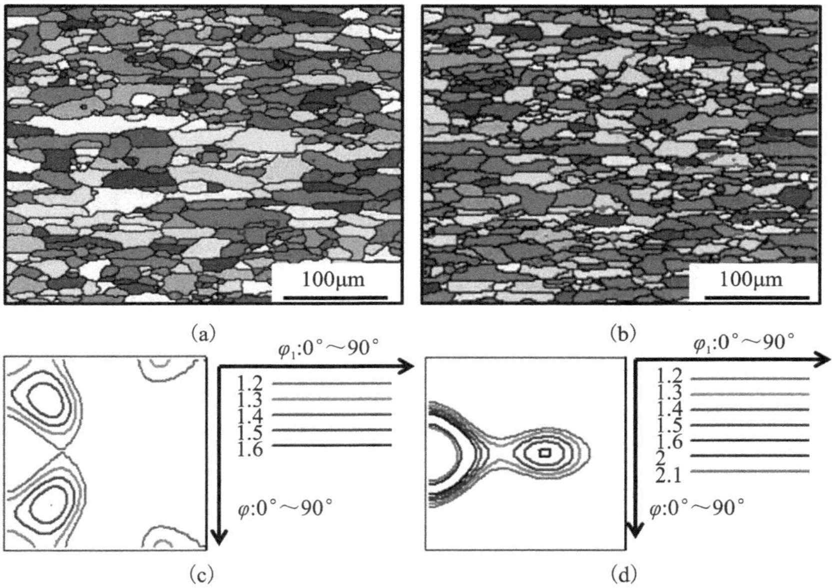

图3-19　固溶处理板材组织及织构

(a)、(b)PR-A和PR-C样品固溶淬火后EBSD图;(c)、(d)PR-A和PR-C样品固溶淬火后ODF图,$\varphi_2=0°$

综上所述,固溶前添加最优预回复工艺,既对板材晶粒细化有显著效果,又通过影响再结晶形核-长大行为,提高了板材的组织均匀性。同时,预回复改变了再结晶织构类型,有效抑制了对板材成形性能不利的Cube织构。因此,预回复工艺可以优化板材固溶处理后的组织及织构。

3.5.2　板材性能检测及分析

(1)自然时效效应与烤漆硬化效应

对称轧制板材(PR-A)和最优预回复工艺处理后的对称轧制板材(PR-C)

完成固溶淬火后进行自然时效。图 3-20 为自然时效时间从完成淬火到停放两周的硬度变化图，两周之后对板材进行烤漆处理。两种样品的硬度随自然时效时间的延长先快速增大，后增速减缓，两周之后趋于稳定。分析表 3-8，PR-A 板材自然时效前后的硬度差值为 11.1HV，烤漆前后的硬度差值为 −0.4HV；PR-C 板材自然时效前后的硬度差值为 12.8HV，烤漆前后的硬度差值为 −2.1HV。上述硬度差值说明板材自然时效效应显著的同时伴随着烤漆软化。引起该现象的主要原因是淬火后析出的 GP 区提高了板材自然时效后的硬度；在烤漆时，小尺寸 GP 区发生溶解，大尺寸 GP 区成为 β' 相的核心，烤漆结束后形成 β' 相，导致板材硬度下降，难以实现烤漆强化。

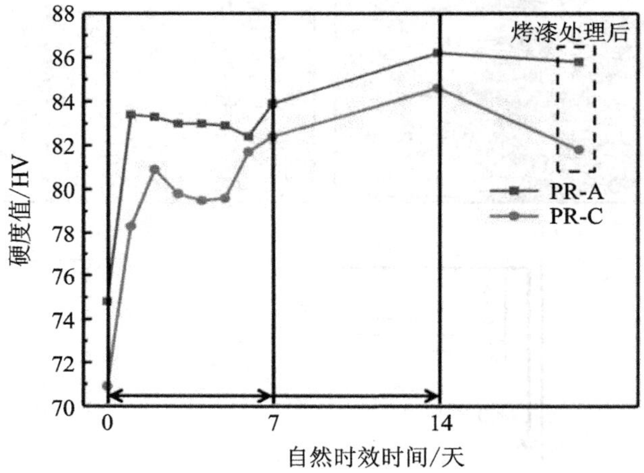

图 3-20　板材自然时效时间-硬度关系

表 3-8　固溶水淬处理后板材自然时效两周前后以及烤漆后的硬度值

样品	自然时效前硬度（HV_1）	自然时效后硬度（HV_2）	自然时效效应 $\Delta HV = HV_2 - HV_1$	烤漆后硬度（HV_3）	烤漆效应 $\Delta HV = HV_3 - HV_2$
PR-A	75.0	86.1	11.1	85.7	−0.4
PR-C	71.2	84.0	12.8	81.9	−2.1

（2）板材成形性能与烤漆硬化性能

分析表 3-9，PR-C 板材的 $\bar{r}$ 值为 0.56，Δr 值为 0.04，PR-A 板材的 $\bar{r}$ 值为 0.39，Δr 值为 0.10。根据 1.1.1 节的论述，PR-C 板材的成形性能优于 PR-A 板材。结合 3.5.1 节对板材微观组织的分析，表明引起该现象的主要原因是预回复抑制了再结晶Cube织构的形核长大，细化晶粒的同时提高了板材晶粒组织的均匀性，促进了板材成形性能的提升，该结论与表3-7一致。然而，板材PR-A和PR-C烤漆前后的屈服强度差值（$\Delta\sigma_s$）变化微弱，PR-C板材在90°的屈服强度甚至出现了烤漆软化，烤漆时GP区转变为β′相导致板材的烤漆硬化性能较差。

表3-9 固溶水淬处理后经两周自然时效板材烤漆前后参数

样品	拉伸方向	屈服强度（前/后）YS/MPa	屈服强度差值 $\Delta\sigma_s$	r	$\bar{r}$	Δr
PR-A	RD	143.5/146.6	3.1	0.45	0.39	0.10
	45°	139.6/139.7	0.1	0.34		
	TD	144.5/144.5	0	0.43		
PR-C	RD	154.2/155.5	1.3	0.50	0.56	0.04
	45°	139.9/146.1	6.2	0.58		
	TD	146.9/144.5	−2.4	0.57		

综上所述，160℃×1h预回复处理显著细化了板材固溶处理后的晶粒组织，优化了再结晶织构组态，且提高了其组织均匀性，进而实现了板材成形性能的提升。但是，预回复优化处理后的板材$\bar{r}$值远小于IF钢（1.39）。此外，板材在固溶淬火处理后自然时效过程中，未预回复板材和预回复处理态板材均发生显著的自然时效效应，即GP区析出引起板材硬度和屈服强度的增加，同时，这些GP区在烤漆时发生溶解或转变，导致板材硬度和屈服强度与烤漆前相比出现下降，使得板材烤漆硬化性能变差。因此，为了实现板材的高成形性和高烤漆硬化性，需要继续开展优化板材晶体学织构组态及调控MgSi相析出行为的研究。

3.6 本章小结

本章借助宏观织构检测仪、电子背散衍射技术（EBSD）及透射电镜（TEM）检测等实验方法，针对6016铝合金铸轧板，通过理论结合实验研究了织构在轧制过程中的演变规律。由于变形组织/织构的不均匀，通过对板材进行预回复处理，研究了预回复温度对板材组织与织构及性能的影响规律，探明了预回复对板材组织及性能的优化机制。将经过最佳预回复工艺处理的板材进行固溶水淬处理，研究了板材的组织与织构特征，以及板材的成形性能和烤漆硬化性能。得到主要结论如下：

(1)在轧制过程中，随着变形程度的增加，VPSC 模拟的 R-Cube 织构一部分旋转至 Cube 取向，随后在变形过程中聚集到 Brass 和 Copper 取向；另一部分直接经 η 取向线转向 Copper 取向。实际检测结果表明，在考虑 R-Cube 织构的条件下，表面和次中层晶粒逐步沿 α、β 和 η 取向线聚集，Brass 和 Copper 取向密度得以提高，模拟的织构演变趋势与实验结果相符合。轧制结束后形成沿板厚度方向不均匀分布的轧制织构组态，同时包含少量的 Cube 织构组态。

(2)预回复对板材在 400℃的再结晶行为、组织及性能的影响显著。随着预回复温度的提高，再结晶形核长大速率从 1.18 先降低至 0.48 后增加至 1.67，再结晶晶核数量从 146 先增加至 268 后降低至 90，再结晶晶粒尺寸从 37.17μm 先减小至 11.48μm 后增大至 38.86μm，再结晶组织离散系数从 1.90降低至 1.39 随后增大到 1.50；在 160℃×1h 预回复处理后，板材的晶核数量最多，晶粒尺寸达到最小，且组织均匀性最佳。同时，经 160℃预回复处理的板材 $\bar{r}$ 值从原来的 0.64 提升至 0.73，Δr 值从原来的 0.26 降低至0.005，板材的各向异性显著降低，成形性能得以提升。

(3)板材经 160℃×1h 预回复处理后完成固溶水淬处理，与未经预回复处理的板材相比，其再结晶晶粒尺寸从 40.31μm 细化至 29.33μm，再结晶组织离散系数从 2.10 降低至 1.34，再结晶织构组态由 Cube 优化为 Goss 和 Brass。板材的 $\bar{r}$ 值从 0.39 提升至 0.56，Δr 值从 0.10 降低至 0.04，板材的各向异性被降低，成形性能得以提升。

(4)板材固溶水淬后自然时效两周出现明显的自然时效效应，烤漆后，未经预回复处理的板材硬度差值 ΔHV 为－0.4，经预回复处理的板材硬度差值 ΔHV 为－2.1；两种板材烤漆前后的屈服强度差值 $\Delta\sigma_s$ 均较小甚至出现负值，板材的烤漆硬化性能较差。

4 非对称轧制6016铝合金铸轧板剪切变形与剪切织构研究

根据1.3.2节和1.5节的论述，非对称轧制增加了板材的塑性应变程度，同时，可以有效调控板材织构组态及性能。因此，探明非对称轧制工艺对铸轧板坯变形及织构的影响规律，对调控板材终态织构并提高其成形性能具有重要意义。因此，本章针对非对称轧制工艺展开系统研究，考虑到工程化非对称轧制的可操作性和经济性，采用改变上下轧辊辊速的轧制工艺，即异步轧制，实现铸轧板材的剪切变形。

4.1 非对称轧制引入剪切变形和剪切织构的理论基础

对于铝合金板材而言，{111}//ND织构(简称{111}面织构)有利于提升板材的成形性。而非对称轧制使板材受到平面应变并耦合了剪切应变，可以有效提高板材的{111}面织构组分含量。因此，通过非对称轧制引入剪切应变，促进{111}面织构的形成成为提高铝合金板材$\bar{r}$值的重要研究方向。

通过改变上下轧辊的相对角速度、线速度以及摩擦等方式可将剪切力作用于板材，在平面压缩应变条件下同时产生剪切应变(ε_{13})。使用基于传统的Taylor模型进行织构模拟时，发现当ε_{13}达到正应变ε_{11}的一半时(剪正比$\varepsilon_{13}/\varepsilon_{11}=0.5$，也可表示为$\alpha=0.5$)，剪切织构{100}<011>和{111}<uvw>的发展明显增强[72,77]。剪正比与剪切织构之间的关联关系主要体现为：随着α绝对值的增加(除了$1.8<|\alpha|<2.1$)，原先稳定的织构取向逐步向剪切织构取向移动；当$\alpha=\pm\infty$时，形成{001}<110>和{111}<112>剪切织构[77,88,90]。

影响剪正比的因素主要有两个：①上辊辊速与下辊辊速的比值，即异速比；②变形几何参数[Δ，如式(4-1)]，耦合摩擦力共同作用[88]。

$$\Delta \approx \frac{H_f}{\sqrt{R(H_0 - H_f)}} \tag{4-1}$$

式中 H_0——板材轧制初始厚度；

H_f——板材该道次轧制完成后的厚度；

R——轧辊半径。

4.1.1 异速比对板材剪切变形的影响

对称轧制时，板材在中性点的线速度与轧辊速度一致，即上下轧辊与板面间的中性点连线即中性线与水平面垂直，如图 4-1(a)。非对称轧制改变了中性线与水平面垂直的关系，如图 4-1(b)，板材沿板厚方向不同部位的金属质点相对线速度不一致，进而产生了剪切分量。随着异速比(即上辊辊速与下辊辊速的比值)的增加，且上辊辊速大于下辊辊速时，板面与上辊接触的中性点向轧制出口方向移动，板面与下辊接触的中性点向轧制入口方向移动，中性点的偏移使得板材内部质点运动受到的剪切应变分量增大；进一步增大异速比，上板面中性点会移出接触区，下板面中性点靠近轧制入口，剪切应变分量不再随异速比的增大而增大。此时，板材受到最大剪切变形。除此之外，改变轧辊辊径、改变上下辊面摩擦系数、楔形轧制、蛇形轧制以及单辊驱动轧制等非对称轧制引入剪切变形的原理与异速比类似。

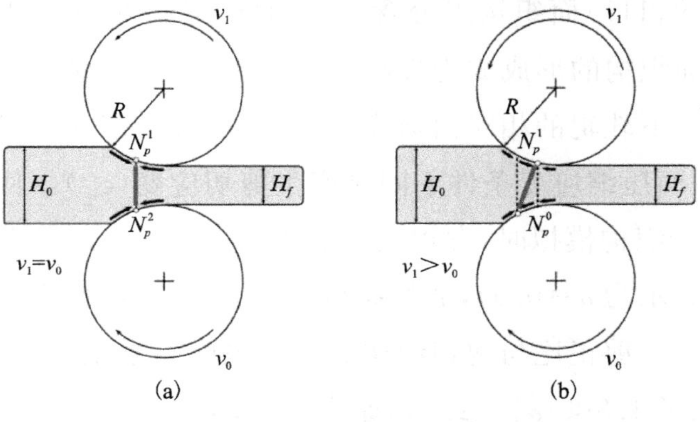

图 4-1 对称轧制与非对称轧制中性线示意图

(a)对称轧制中性线示意图；(b)非对称轧制中性线示意图[88]

4.1.2 变形几何参数耦合摩擦力对剪切变形及剪切织构的影响

图4-2是板材对称轧制示意图以及高度简化的轧制过程几何模型。该图主要体现轧制几何效应，并将辊缝简化为金属流过的楔形通道，α_1 为剪切应变 ε_{13} 与轧制应变 ε_{11} 的比值。单元体沿着远离中性面的流线移动时受到明显的剪切作用(第1步和第2步)，该剪切力源自板材轧制时的几何作用。剪切应变 ε_{13} 在通过轧制变形区的瞬时，剪切方向发生变化，该过程的变形梯度张量可表示为 $E_i=\begin{Bmatrix}-1/2 & 0 & -\alpha_1\\ 0 & 0 & 0\\ 0 & 0 & 1/2\end{Bmatrix}\varepsilon_{11}$，$E_O=\begin{Bmatrix}-1/2 & 0 & \alpha_1\\ 0 & 0 & 0\\ 0 & 0 & 1/2\end{Bmatrix}\varepsilon_{11}$ (下标i和O分别代表进轧辊和出轧辊)[77]。

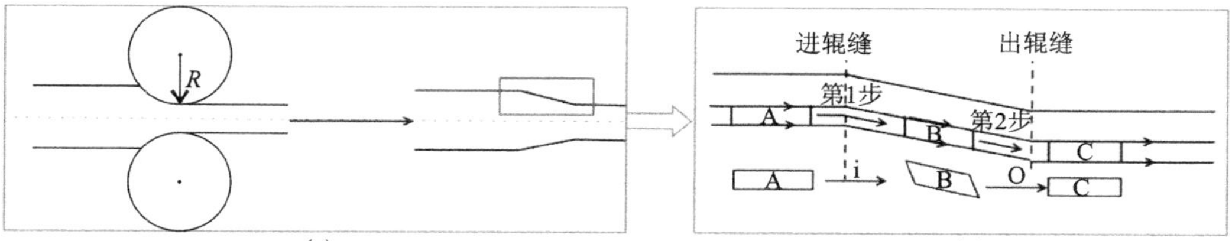

(a) (b)

图4-2 板材对称轧制示意图以及高度简化的轧制过程几何模型

(a)对称轧制示意图；(b)单元体在经过轧制时经历的几何变化[77]

图4-3表示的是摩擦力作用于轧制变形模型的示意图。当金属流经塑性变形区时，单元体在变形区不同的位置呈现出速度梯度，进而产生剪切分量。摩擦力作用于中性面两侧的单元体，该两侧单元体受到的剪切应变 ε_{13} 大小相等且方向相反。剪切应变 ε_{13} 与轧制应变 ε_{11} 的比值设定为 α_2，该过程的变形梯度张量可表示为 $E_i=\begin{Bmatrix}-1/2 & 0 & 0\\ 0 & 0 & 0\\ \alpha_2 & 0 & 1/2\end{Bmatrix}\varepsilon_{11}$，$E_O=\begin{Bmatrix}-1/2 & 0 & 0\\ 0 & 0 & 0\\ -\alpha_2 & 0 & 1/2\end{Bmatrix}\varepsilon_{11}$ (下标i和O分别代表进轧辊和出轧辊)[77]。

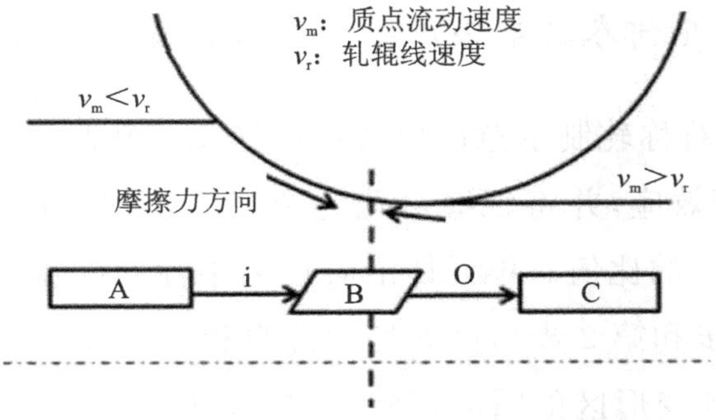

图 4-3 塑性变形区内摩擦引入剪切应变示意图[77]

变形几何参数耦合摩擦的变形梯度张量可表示为 $E_i=\begin{Bmatrix} -1/2 & 0 & -\alpha_1 \\ 0 & 0 & 0 \\ \alpha_2 & 0 & 1/2 \end{Bmatrix}\varepsilon_{11}$，$E_O=\begin{Bmatrix} -1/2 & 0 & \alpha_1 \\ 0 & 0 & 0 \\ -\alpha_2 & 0 & 1/2 \end{Bmatrix}\varepsilon_{11}$（下标 i 和 O 分别代表进轧辊和出轧辊）。$\alpha_1$ 和 α_2 同时作用于单元体，其引入的剪切效应相互抵消。当两者的差值等于 0.5 时，(111)面极图中{100}<011>织构组分逐步形成；当两者的差值大于 0.5 时，形成明显的{111}<110>和{111}<112>剪切织构，如图 4-4 所示。

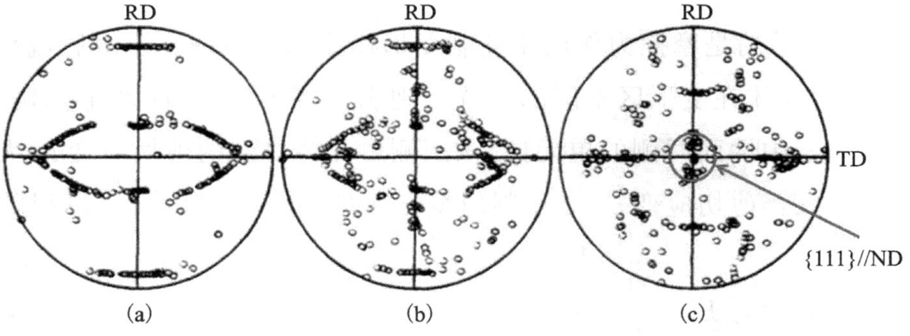

图 4-4 α_1 与 α_2 的差值分别为 0.4、0.5、0.7 时(111)面极图[77]

(a)α_1 与 α_2 的差值为 0.4；(b)α_1 与 α_2 的差值为 0.5；(c)α_1 与 α_2 的差值为 0.7

由变形几何参数引起的沿厚度方向剪切应变可数值化模拟，即单元体所受剪切应变 ε_{13} 与其距中心面长度 s 呈线性关系，如式(4-2)[77]：

$$\varepsilon_{13} = \frac{rd}{\sqrt{rRd - (\frac{rd}{2})^2}} \frac{2s}{d} \tag{4-2}$$

式中　r——压下量；

d——样品厚度；

R——轧辊辊径。

由摩擦引起的剪切不能简单地数值化处理，因为它随摩擦系数、材料加工硬化以及单元体在辊缝中的位置变化而变化。摩擦条件的改变使其从表面由最大值非线性降低至中心面 0 值。图 4-5(a)表明了 ε_{13} 沿板材厚度方向呈现线性分布，ε_{31} 沿板材厚度方向呈现非线性分布。图 4-5(b)反映了在较小的摩擦以及道次压下量条件下(Δ 较大)，ε_{13} 与 ε_{31} 的综合值在次中层大于 0.5，剪切织构在该区域形成。图 4-5(c)反映了在较大摩擦与道次压下量条件下(Δ 较小)，板材表层的 ε_{13} 与 ε_{31} 综合值大于 0.5，即剪切织构在板材表层形成。由此可知，摩擦作用和道次轧制变形量综合影响剪切织构出现的位置。

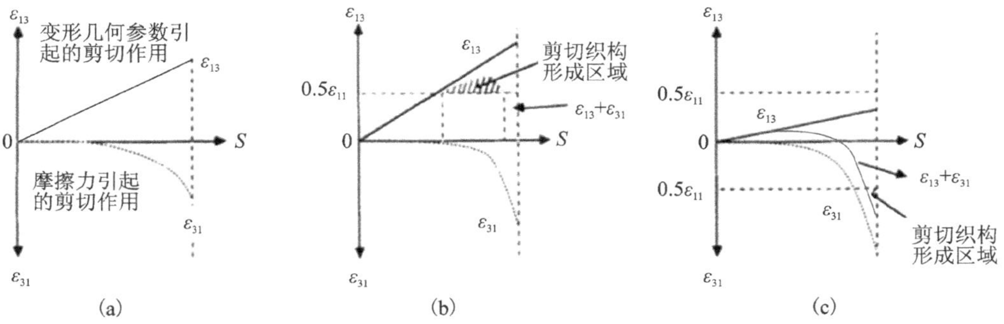

图 4-5　不同的几何参数和摩擦力产生的剪切织构

(a)变形几何参数和摩擦力随板材厚度方向的变化规律；(b)较大变形几何参数和较小摩擦力共同作用在次中层产生剪切织构；(c)较小变形几何参数和较大摩擦力共同作用在表层产生剪切织构[77]

根据上述分析，非对称轧制时的异速比和轧制过程中的摩擦力共同作用是影响板材剪切变形的主要因素。然而，在实际轧制时，板材与轧辊之间的摩擦力可以简化为定值，变形几何参数或道次压下量成为主要变量。此外，非对称轧制引起轧制晶粒取向沿 TD 转向剪切取向，转变程度随 α 值的增加而增加。从理论上分析，α 值只有在达到无穷大或无穷小的时候，板材才会获得理想的剪切织构。但实际过程中 α 值无法达到理论设计状态，导致单一的轧制方向难以获得理想剪切织构。因此，在设计非对称轧制实验方案时，通过改变道次间板材轧制方向，改变其所受剪切变形方向，进而促进理想剪切织构的形成。

综上，本章借助ABAQUS有限元仿真结合VPSC模拟以及实验研究，以异速比、变形几何参数和不同道次间轧制方式作为主要变量，研究这三个因素对板材剪切变形及剪切织构的影响规律。

4.2 非对称轧制6016铝合金铸轧板有限元仿真

有限元方法是建立在连续介质力学基础上的分析方法，作为研究材料变形行为的重要手段，已广泛应用于轧制仿真领域。通过有限元仿真，可以预测轧制变形时板形的状况，也可以通过相关数值的分析，构建轧制工艺参数与板材变形特点间的映射关系。借助仿真结果，确定工艺参数可行域，可以有效指导实际生产，实现降本增效。

ABAQUS在非对称轧制仿真领域的应用较为广泛，通过有限元仿真调控轧制工艺参数，可以获得板材厚度方向应变分布的规律，进而指导实验研究。因此，本章通过ABAQUS仿真软件，使用基于Newton-Raphson法、增量法和迭代法相结合获得求解结果的Standard隐式求解器，完成静态、非线性问题的轧制过程模拟，同时保证模拟精度。本书根据铸轧板轧制变形特点，设置相关参数，展开单道次轧制仿真模拟，探明异速比和变形几何参数对板材剪正比的影响规律，为非对称轧制工艺参数的确定提供指导。

4.2.1 几何模型及网格划分

借助ABAQUS/CAE构建二维有限元模型，如图4-6所示。将直径为100mm的上下轧辊设计为解析刚体，参考点为圆点。为了避免出现轧辊与板面在咬合过程中出现不收敛，轧板的前端设计为与轧辊辊缝匹配的形状。板材的网格在划分时，采用平面应变缩减积分单元(CPE4R)。轧辊间距设置为理想轧后板材的厚度。出口端设置长度为1000mm的导料导轨，属性为解析刚体。板材设置为弹塑性属性，板材的初始厚度及轧后厚度根据设定的Δ

确定[如式(4-1)]。

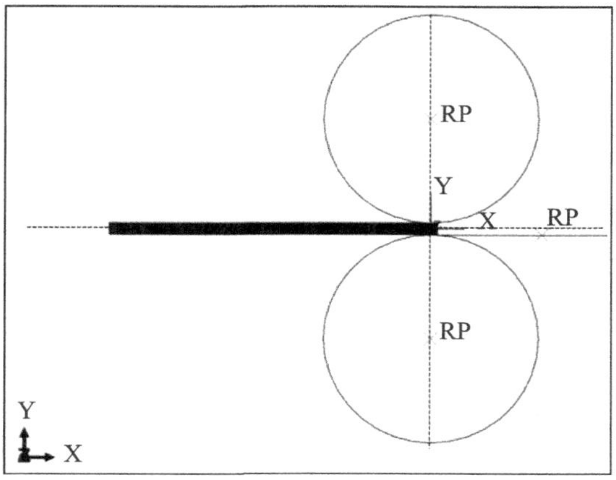

图 4-6 非对称轧制有限元几何模型装配图

由于Δ对板材的剪正比以及剪切织构影响显著，模拟时，Δ值依据实际轧制工况确定。轧制实验时，根据轧机的最小压下量以及最大轧制力条件，确定了铸轧板按照每道次压下量为 0.2mm 和 0.6mm 的两种工艺方案。板坯从 6.5mm 轧制到 1.0mm，总变形量均达到 86.2%。在铸轧板完成 27.7% 变形量时，0.6mm 和 0.2mm 的道次压下量对应的Δ值如图 4-7 和表 4-1 所示，平均Δ值分别是 0.99 和 1.77(表 4-1)。板材在后续变形过程中，随着变形量的增大，Δ值持续减小。此时，以平均Δ值为仿真设计参数与板材实际

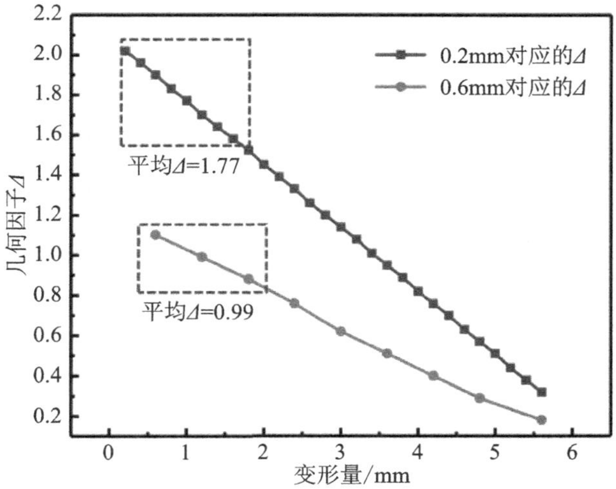

图 4-7 不同道次压下量对应的Δ随变形量的变化图

变形工况偏差较大。因此，本章以铸轧板在完成27.7%变形量时确定的平均Δ值作为仿真参数设计依据，即模拟的板材入轧辊厚度分别为5.4mm和5.8mm，出轧辊板厚分别为4.8mm和5.6mm，对应的Δ值分别为0.99和1.77，结合板材的异速比（表4-2），研究在该变形条件下，变形几何参数Δ与异速比对板材剪切变形的影响规律。

表4-1　实验轧制道次确定的Δ平均值及其实际轧制时最大Δ值和最小Δ值

轧制道次	道次压下量/mm	平均Δ	每道次变形率	最大Δ	最小Δ
3	0.6	0.99	约10pct	1.1	0.88
9	0.2	1.77	约3.5pct	2.02	1.52

表4-2　设计的5种仿真轧制过程中轧辊辊速

轧制方式	上辊辊速/(rad/s)	下辊辊速/(rad/s)	异速比
对称轧制	1.0	−1.0	1.00
异步轧制	1.02	−1.0	1.02
	1.1	−1.0	1.10
	1.8	−1.0	1.80
	4.0	−1.0	4.00

4.2.2　材料的性能

板材在模拟时设定为各向同性且均匀的弹塑性材料，密度值为2.7g/cm^3，杨氏模量为70GPa，泊松比为0.33，材料的塑性参数如图4-8所示。图中黑色粗线为实验测得的数据，为了使得0.1真应变后的数据完整，对塑性部分的数据使用非线性曲线拟合，得到黑色细线所示的拟合曲线，拟合函数如下：

$$\sigma = \sigma_0 + A\varepsilon^n \tag{4-3}$$

式中　σ——真应力；

ε——真应变；

σ_0，A和n——常数。

经过拟合得到：$\sigma_0 = -516.90$MPa，$A = 846.10$MPa，和$n = 0.06$。

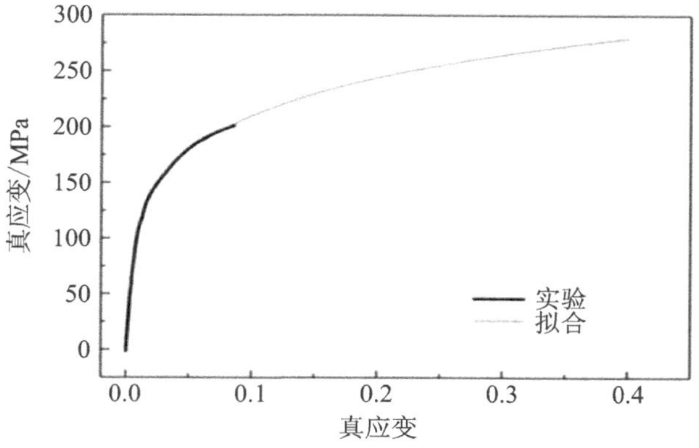

图4-8　构建有限元模型所用的真应力-真应变曲线

4.2.3　接触属性和边界条件

轧辊与板面之间的摩擦为库仑摩擦，摩擦系数的确定如图4-9所示。在实际轧制时，板面与轧辊接触面不添加任何润滑剂，板材只靠辊面和板面间的接触摩擦力完成自由轧制，因此，本节通过比较实际结果与模拟结果，确定摩擦因子。通过比较在27.7%变形后有限元仿真结果和实验结果，确定输入仿真模型的摩擦系数为0.35。由于模拟中并未考虑轧板自重，为了防止在变形时，板材尾端翘起，设定板材尾端在ND方向的位移为0。轧制启动时，板材通过板面和辊面摩擦实现自动咬合。设置上下辊的平移速度v_x、v_y均为0，上下辊的辊速设计如表4-2所示。

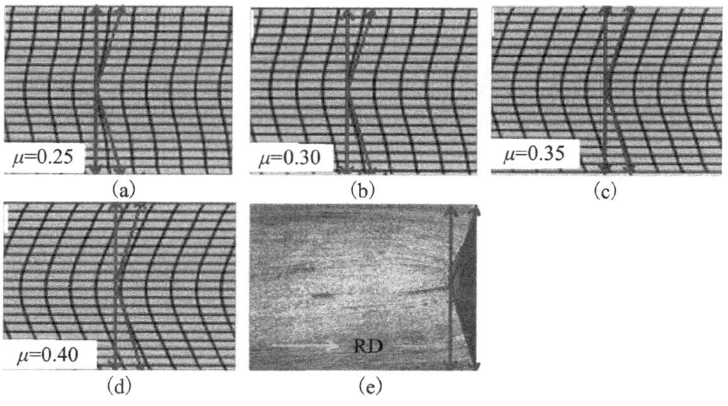

图4-9　27.7%变形条件下，不同摩擦系数条件下的有限元仿真图

(a)μ=0.25；(b)μ=0.30；(c)μ=0.35；(d)μ=0.40；(e)板坯在对称轧制变形量为27.7%时，变形前与ND平行的刻线发生对称变形

4.2.4 有限元仿真结果与分析

(1)Δ＝0.99 时，异速比对板材剪切应变的影响

对称轧制时，上下板面受到的剪切应变随时间的变化如图 4-10(a)所示。由于轧制力对称分布的特点，与上下辊接触的板面质点受到的剪切应变呈对称分布。剪切应变的变化可以分为三个阶段：①板材在进入变形区时，变形几何参数使得板材受到的剪切应变快速增加；②板材与轧辊表面的摩擦力改变了剪切方向，使剪切应变降低；③板面单元体在经过中性点后，摩擦力的方向再次改变了剪切方向，使剪切应变增加，最终保持稳定值。在第一变形阶段，Δ 对剪切变形的影响比后续两个阶段摩擦力引起的剪切变形更加显著。

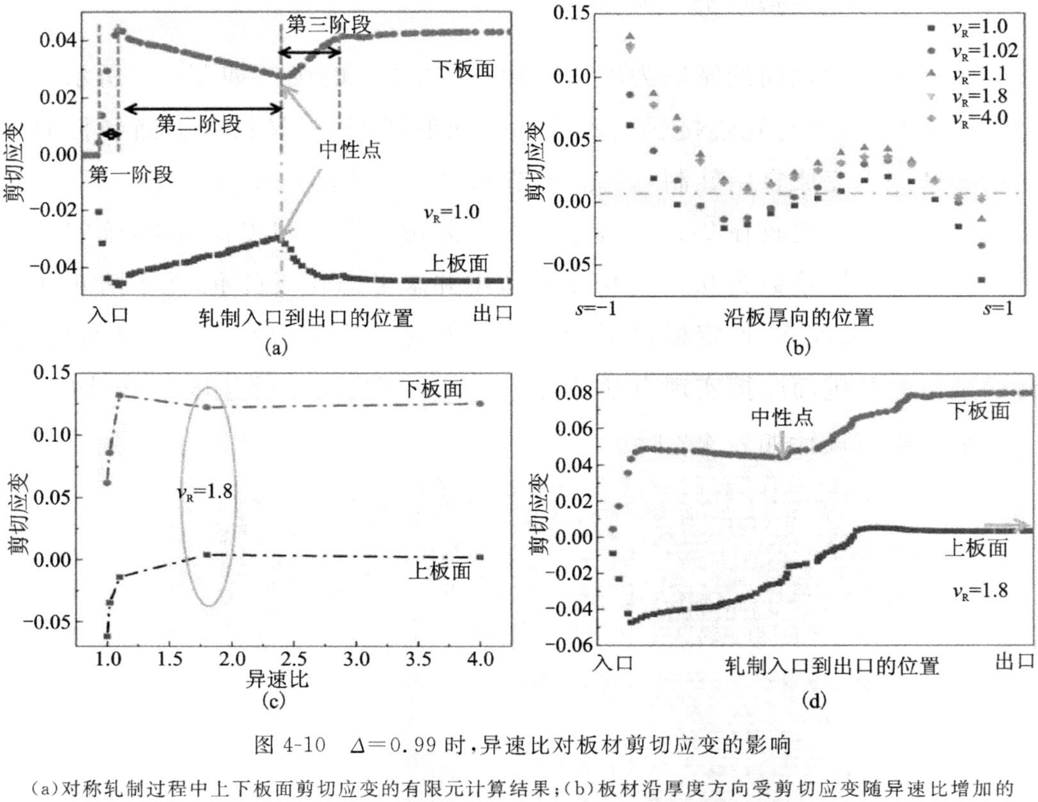

图 4-10 Δ＝0.99 时，异速比对板材剪切应变的影响

(a)对称轧制过程中上下板面剪切应变的有限元计算结果；(b)板材沿厚度方向受剪切应变随异速比增加的变化趋势(s＝－1 是指与下轧辊接触的板面，s＝1 是指与上轧辊接触的板面)；(c)板面剪切应变随异速比增加的变化趋势；(d)异速比为 1.8 时，上下板面剪切应变的有限元计算结果

随着异速比 v_R 从 1.0 增大到 4.0，沿板厚向分布的剪切应变如图 4-10(b)所示。与轧辊上表面接触的单元格用 $s=1$ 表示，中心层单元格为 $s=0$，与轧辊下表面接触的单元格用 $s=-1$ 表示，具体参考式(3-1)。剪切应变的分布沿板厚向是不均匀的：当 $v_R=1.0$ 时，沿板厚向的剪切应变呈中心对称分布；随着 v_R 的增加，整体剪切应变得以提高，但不再呈中心对称分布。与下辊接触的单元格受到的剪切应变最大，与上辊接触的单元格受到的剪切应变随异速比的增大逐步向 0 靠近。当 $v_R<1.1$ 时，板材的剪切应变的增加较为明显；当 $v_R>1.1$ 时，剪切应变增加比较平缓；当 $v_R=1.8$ 时，剪切应变达到稳定；当 $v_R>4$ 时，剪切应变反而出现略微下降。结合图 4-10(c)，选取与上下轧辊接触的单元格为研究对象，随着异速比的增加，剪切应变先快速增加，随后稳定在 0.13。引起该现象的原因如图 4-10(d)所示，随着异速比增加到 1.8，在 Δ 作用于第一阶段剪切应变后，后续摩擦力作用的第二阶段剪切应变方向相反，没有观察到第三阶段，证明上板面的中性点已经移出变形区，受摩擦力作用的剪切应变不会因为经过中性点而出现第三阶段。然而，对于下板面，异速比的增加促使中性点向板材入口方向移动，中性点不会移出变形区，所以依然可以观察到中性点的存在。图中箭头指出了中性点的位置，其中，上轧辊的中性点已经移出变形区。

综合上述分析，通过数值化分析异速比对板材剪切变形的影响得出：当 $\Delta=0.99$ 时，最佳的异速比确定为 $v_R=1.8$，板材沿厚度方向的单元格受到的剪切应变最大，且都为正值。

(2)$\Delta=1.77$ 时，异速比对板材剪切应变的影响

随着 Δ 从 0.99 增加至 1.77，异速比对板材剪切应变的影响如图 4-11 所示。比较图 4-10(a)和图 4-11(a)，计算结果表明剪切应变随 Δ 的增加而降低。同时，沿板厚度方向分布的剪切应变随异速比的增加与图 4-10(b)的变化趋势基本一致，但是在 $\Delta=1.77$ 时，剪切应变数值明显下降。板材板面单元格所受的剪切应变随异速比增加的变化趋势如图 4-11(c)所示。在相同异速比条件下，Δ 为 1.77，其对应的剪切应变数值稳定在 0.03。结合图 4-11(d)可得：$v_R>1.1$ 时，上板面中性点已经移出变形区，板材受到的剪切应变不再

随异速比的增加而增加，当 $v_R=1.8$ 或 4.0 时，沿板厚方向的剪切应变未出现下降。因此，当 $\Delta=1.77$，异速比需满足 $v_R>1.1$。

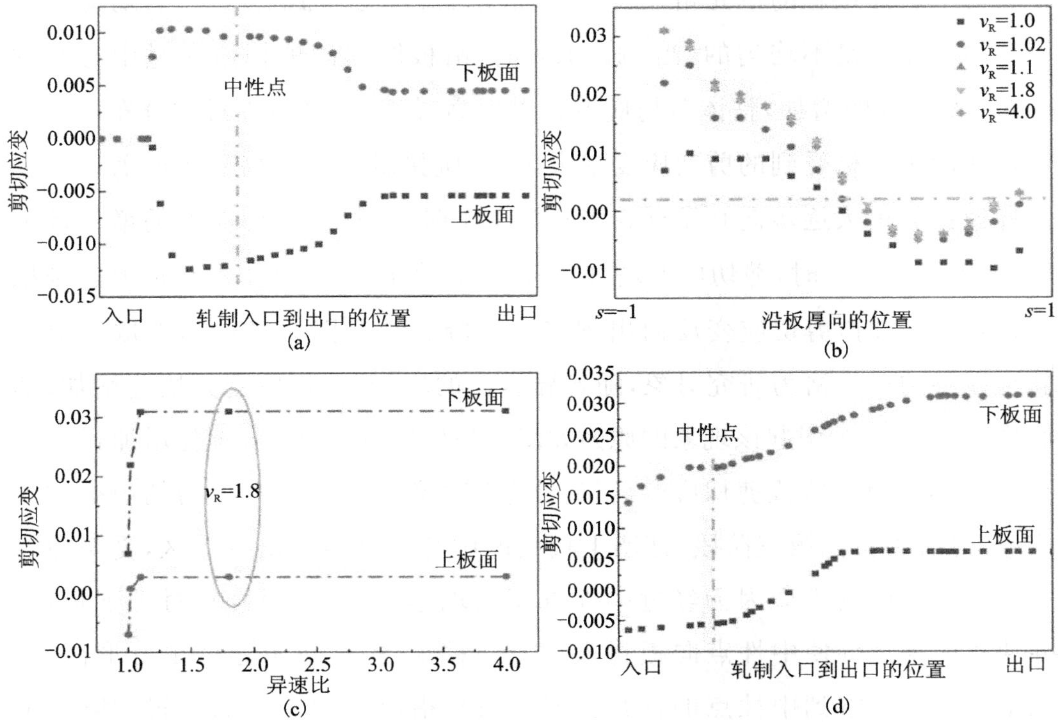

图 4-11　$\Delta=1.77$ 时，异速比对板材剪切应变的影响

(a)对称轧制过程中上下板面剪切应变的有限元计算结果；(b)板材沿厚度方向受剪切应变随异速比增加的变化趋势；(c)板面剪切应变随异速比增加的变化趋势；(d)异速比为 1.8 时，上下板面剪切应变的有限元结果

综上分析，变形几何参数 Δ 和异速比 v_R 对板材剪切应变均有影响，为了保证单一变量，对于 $\Delta=1.77$ 的非对称轧制在满足异速比 $v_R>1.1$ 的条件下，同样选定 1.8 的异速比。Δ 对板材沿厚度方向剪正比的影响如图 4-12 所示。剪正比的整体分布数值随 Δ 的增大而增大，即在小道次压下量(0.2mm)条件下，板材受到较大的剪正比，下表层单元体的剪正比最大达 2.15。此外，剪正比沿板厚向的分布呈现不均匀特征，进而导致织构的不均匀性分布。根据仿真获得的板材剪切变形结果，本书通过 VPSC 织构计算，理论结合实验研究 Δ 分别为 0.99 和 1.77，$v_R=1.8$ 时，板材剪切织构的演变特征。

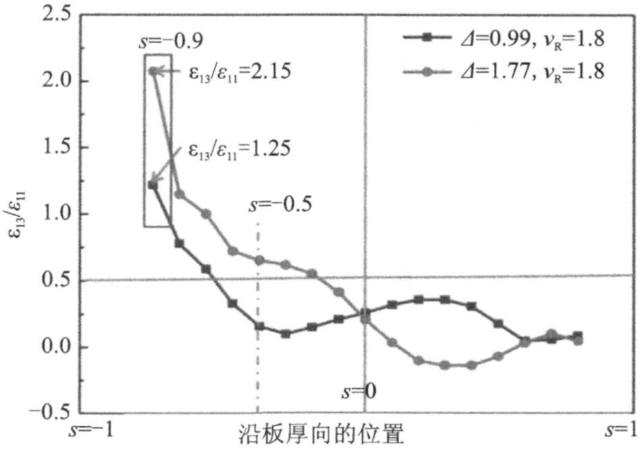

图 4-12 异速比为 1.8，Δ 分别为 Δ＝0.99 和 Δ＝1.77 时，沿板厚度方向剪正比 α 的分布

4.3 非对称轧制工艺影响铸轧板剪切织构的模拟与验证

4.3.1 剪切织构模拟与实验设计

由图 4-4 所知，剪正比 α＞0.5 时，剪切织构{100}<011>和{111}<uvw>才得以发展。因此，借助有限元仿真得到板材剪正比数据，将该数据引入应变速度梯度中[式(1-5)]，展开平面应变耦合剪切应变的 VPSC 织构模拟。模拟时，选择剪正比最大的下板面单元格为研究对象，分别研究 Δ＝0.99 和 Δ＝1.77 时获得的剪切织构的特点。

实际轧制时，铸轧板坯从 6.5mm 轧到 4.7mm，累积变形量为 27.7%。当每道次压下量为 0.6mm 时，轧制道次为 3，平均每道次 Δ＝0.99；当每道次压下量为 0.2mm 时，轧制道次为 9，平均每道次 Δ＝1.77。根据有限元仿真结果可知(图 4-12)，板材下表面受到的剪正比最大，Δ 为 0.99 时对应的每道次剪正比为 1.25；Δ 为 1.77 时对应的每道次剪正比为 2.15。在进行 VPSC 模拟时，用到的 VPSC 模型输入参数与 3.2.1 节一致，反映非对称轧制宏观速度梯度的应变张量如式(1-5)所示，即每道次的 ε_{13} 根据有限元仿真获得的剪正比计算得来，每道次模拟变形量以及模拟次数，均保持与实际轧制工况一致。为了保持晶体取向的准确性，轧制时初始输入织构数据为上一道次轧制的终了织构数据。

除了变形几何参数，改变板材剪切变形方向也是影响剪切织构形成的重要因素。本章根据剪切变形方向性特点，确定了三种轧制方案，如图 4-13 所示：①道次间板材的轧制方向保持不变，即单向轧制；②道次间板材绕 RD 方向旋转 180°；③道次间板材绕 ND 方向旋转 180°。使用 VPSC 模型模拟单向轧制时，剪切应变 ε_{13} 为正值，每道次间符号保持不变；模拟后两种改变剪切变形方向的轧制时，初始剪切应变 ε_{13} 为正值，后续每道次与前一个道次的剪切应变符号相反[85]。方案②和方案③理论模拟的织构结果是一致的，但实际变形时的织构需要进行实验检测。

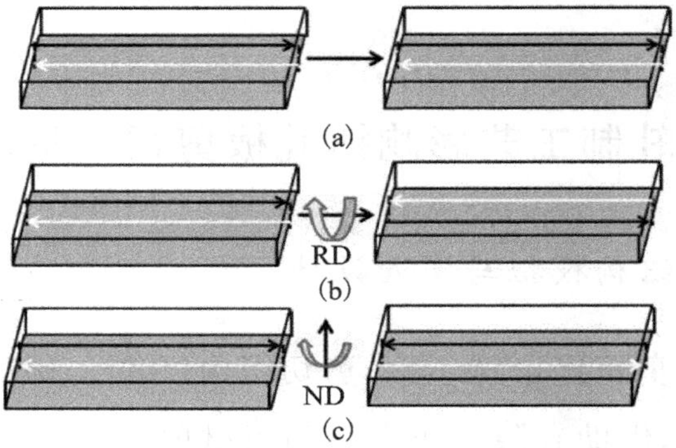

图 4-13　非对称轧制剪切变形示意图

(a)单向轧制；(b)轧制道次间板材绕 RD 方向旋转 180°；(c)轧制道次间板材绕 ND 方向旋转 180°

4.3.2　研究结果与分析

每道次变形几何参数 Δ 为 0.99，剪正比为 1.25 时，通过不同轧制方案变形后板材下表面 VPSC 织构模拟与实验检测{111}极图如图 4-14 所示。在单向轧制条件下，VPSC 模拟结果表明，晶体取向靠近剪切织构 E/F({111}<110>/{111}<112>)，但是没有达到理想的剪切织构位置，即{111}极图圆心位置[图 4-14(a)]，该结果与诸多相关研究结果一致[44,72]。但是，实际轧制后的检测结果表明[图 4-14(b)]，在单向轧制条件下可以获得理想的剪切织构。主要原因是在轧制过程中，板材经过变形区受到几何作用的剪切力与后续摩擦作用的剪切力方向相反，同时较小 Δ 引入的剪切应变较为强烈，因而促进了较强的理想剪切织构的形成，如图 4-10 所示。

采用改变剪切应变方向的轧制方式时，VPSC 模拟结果可以得到理想的剪切织构[图 4-14(c)]，但是，实际变形后剪切织构的峰值强度小于模拟结果，如图 4-14(d)，图 4-14(e)和表 4-3。相关研究表明，对于方案②和方案③，改变轧制道次间剪切应变方向时，变化的剪切方向与 Δ 和摩擦力共同作用于板材，使沿板厚度方向的基体组织受力状态比较复杂，部分剪切应变在变形时相互抵消，降低了板材受到的累积剪切应变程度[85]，最终导致剪切织构被削弱。

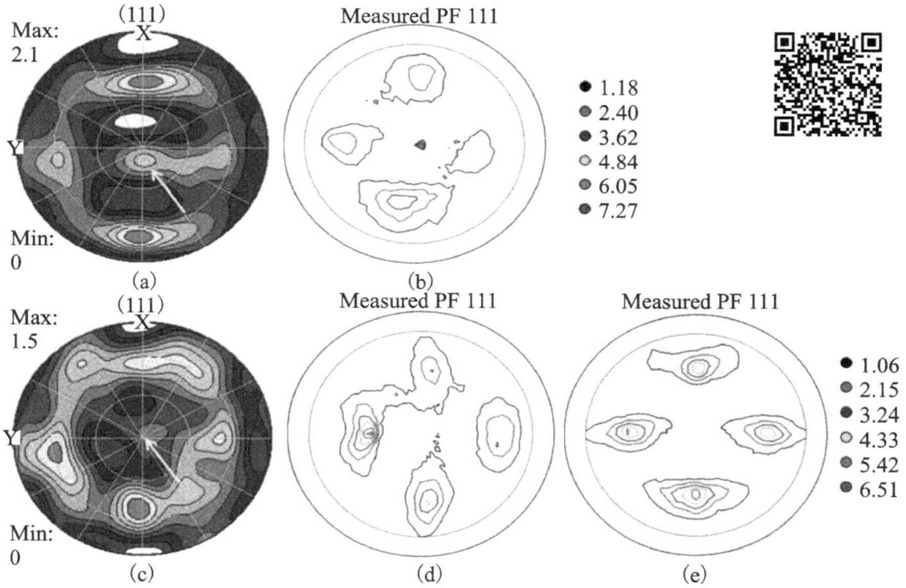

图 4-14　不同轧制方案下，Δ=0.99，27.7%变形时板材下表面的{111}极图

(a)VPSC 模拟的单向轧制极图；(b)实验获得的单向轧制极图；(c)VPSC 模拟的改变轧向的极图；(d)绕 RD 旋转 180°轧制后的极图；(e)绕 ND 旋转 180°轧制后的极图

表 4-3　VPSC 模拟与实验检测{111}极图织构取向密度统计表

剪切织构	轧制方案	VPSC 模拟结果(N_0)	实验检测结果(N_1)
E/F	①	—	2.4
	②	0.4	0.1
	③	0.4	0

综上所述，变形几何参数 Δ 为 0.99 时，改变道次间板材剪切方向，理论

模拟可以获得剪切织构,但在实际变形后获得的剪切织构组分较弱;而单向轧制虽然理论模拟难以获得理想的剪切织构,但由于实际轧制变形特点,板材表面往往形成较强的剪切织构。

每道次变形几何参数Δ为1.77,剪正比为2.15时,板材下表面VPSC织构模拟与实验检测{111}极图如图4-15所示。单向轧制的VPSC模拟结果如图4-15(a)所示。理论条件下,剪切变形促进了晶粒取向向剪切织构转变,但变形结束后并没有达到理想E/F织构,而是在其附近聚集,该结论与图4-14(a)一致。在实际轧制过程中,由于板材受到Δ与摩擦力的共同作用,且方向相反,因此,板材下表面形成了{111}面织构。比较图4-15(b)与图4-14(b)可知,Δ为1.77时形成的剪切织构峰值强度弱于Δ为0.99的板材。结合图4-11(c)可知,Δ为1.77时引入的剪切应变约为Δ为0.99时的1/5,较小的剪切应变导致弱剪切织构的形成。

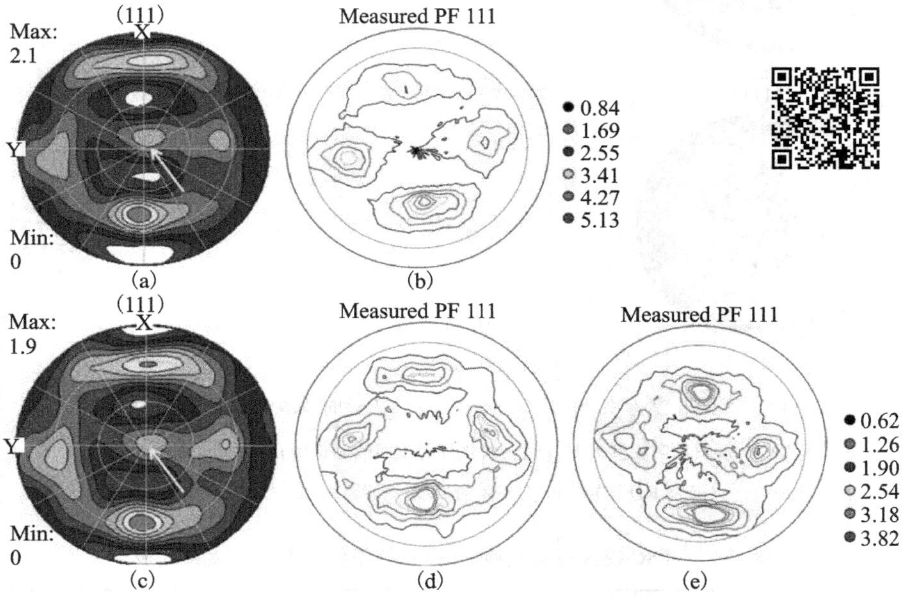

图4-15　不同轧制方案下,Δ=1.77,27.7%变形时板材下表面的{111}极图

(a)VPSC模拟的单向轧制极图;(b)实验获得的单向轧制极图;(c)VPSC模拟的改变轧向极图;(d)绕RD旋转180°轧制后的极图;(e)绕ND旋转180°轧制后的极图

对于方案②和方案③,在改变板材剪切应变方向时,VPSC模拟结果与实际轧制后板材均获得理想的E/F织构,如图4-15(c)和图4-15(d)、图4-15

(e)所示。上述结果表明,改变剪切变形方向,有效促进了晶粒取向向理想剪切织构的旋转。同时,Δ 为 1.77 时板材下表面的剪切织构峰值强度大于变形几何参数为 0.99 的板材,如表 4-4 所示。结合图 4-12 可知,Δ 越大,下表面晶粒受到的剪正比越大,进而促进了板材剪切织构的发展。此外,在 Δ= 1.77 时,实际测得的剪切织构峰值强度与模拟得到的数值接近,该结果表明借助有限元仿真结合 VPSC 模拟,可以有效预测 Δ=1.77 及改变轧制方向时,板材下表面剪切织构的形成。

表 4-4 VPSC 模拟与实验检测{111}极图织构取向密度统计表

剪切织构	轧制方案	VPSC 模拟结果(N_0)	实验检测结果(N_1)
E/F	①	—	0.8
	②	1.0	0.7
	③	1.0	1.1

综上分析,在轧制变形量为 27.7%时,Δ 和改变轧制剪切方向对板材剪切织构的形成均有影响:Δ 为 0.99 时,对于单向轧制的板材,表层剪切织构峰值密度最强,且无论是否改变轧制方向,VPSC 模拟织构的结果与实验结果均有所偏离,这是由于实际轧制过程中,较小变形几何参数对应的道次大压下量使得板材受到的应变状态较为复杂,简化的模型难以反映真实的织构变化规律。Δ 为 1.77 时,改变轧制方向,板材在轧制过程中受到的应变状态与模拟输入条件接近,因此,VPSC 模拟织构的结果与实际检测结果基本一致。

4.4 非对称轧制工艺对铸轧板织构演变的影响

4.4.1 实验方案

上述研究只是针对板材在 27.7%变形条件下,非对称轧制工艺对表层织构的影响。但在实际轧制过程,板材受到的剪正比沿厚度方向分布不均匀(图 4-12),板材表面、次中层和中心层的织构随变形程度、道次压下量和不同道次间轧制方式的变化呈现出不同的演变规律。因此,本节继续展开非对称轧制工艺影响板材织构演变及分布的实验研究。

基于有限元仿真结果，确定了非对称轧制的异速比 $v_R=1.8$。VPSC 模拟及实验研究表明，Δ 与不同道次间轧制方式对剪切织构的形成有显著的影响。而道次压下量分别为 0.2mm 和 0.6mm 时，对应的 Δ 随变形程度的增加而减小（图 4-7），因此，平均 Δ 只有在 27.7% 变形阶段可以作为近似变量，随着变形程度的增加，继续用平均值表示 Δ 与实际误差较大。取初始铸轧板坯，尺寸规格为 6.5mm×100mm×150mm（板坯厚度×板坯宽度×板坯长度），展开非对称轧制实验。本节将采用大道次压下量 0.6mm 和小道次压下量 0.2mm 作为主要变量，同时，应用三种道次间轧制方式（图 4-13）分别得到变形程度为 27.7%、49.2% 和 86.2% 的板材，共计 18 块展开实验室研究。实验所用设备如 3.1.1 节所述，下辊速恒定不变，为 1.57rad/s，上辊速设置为 2.8rad/s，对应的异速比为 1.8，实验用轧机如图 4-16 所示。轧制过程中不添加润滑剂，实验温度为室温。

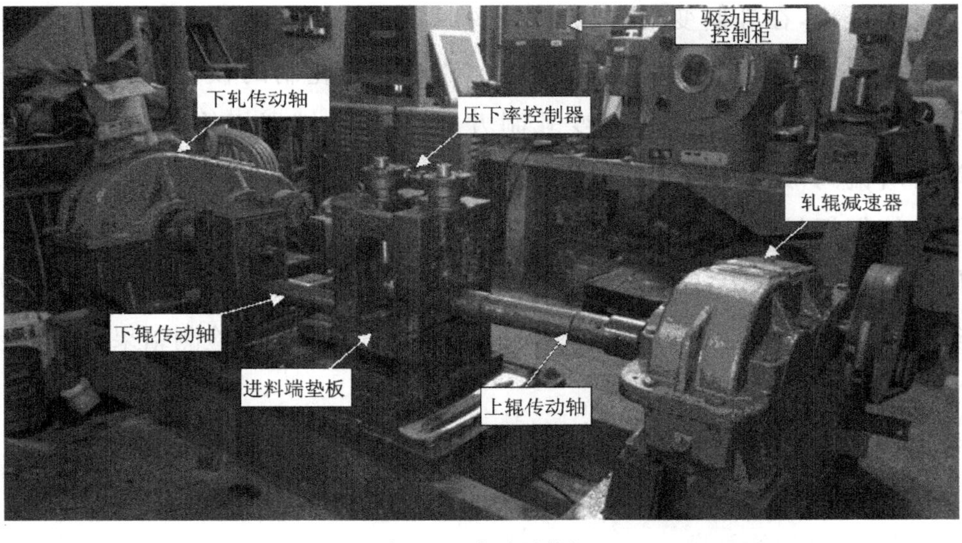

图 4-16　实验用轧机

板材完成轧制后，分别研究每块板材下表面、次中层和中心层织构的分布及演变规律，具体取样位置如图 2-7 所示。针对样品的宏观织构检测结果，通过织构计算软件，统计并分析晶粒取向密度在 β 取向线、η 取向线和 γ 取向线的分布规律，取向线的研究按照 2.3 节所述方法展开。

4.4.2 织构的演变规律研究

(1)大道次压下量条件下,道次间轧制方式对板材织构演变的影响

板材道次压下量为0.6mm,分别单向轧制、绕RD旋转180°轧制和绕ND旋转180°轧制到变形程度为27.7%、49.2%和86.2%,沿板厚度方向下表面、次中层和中心层的{111}极图如图4-17、图4-18和图4-19所示。结合图2-10所示的板坯初始织构,综合分析三种轧制方式下板材的初始织构演变规律。研究结果表明:在完成27.7%变形后,板材下表面仍存有部分初始织构,但是次中层的R-Cube织构基本消失;当变形程度的增加到49.2%时,下表面和次中层的初始织构完全消失;当变形程度进一步增加到86.2%时,基体主要呈现"唇形"分布的典型轧制织构。同时,部分样品圆心处形成了{111}面织构。

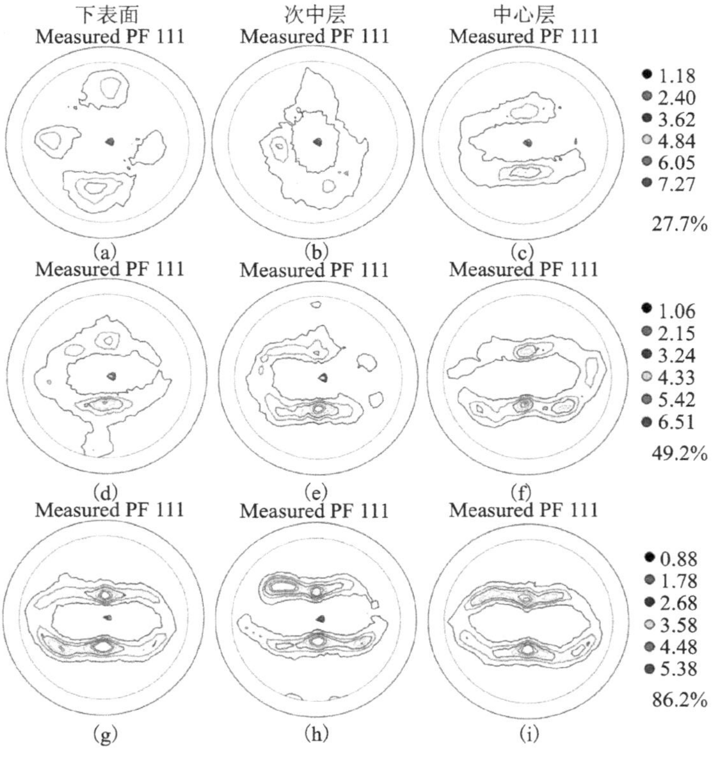

图4-17 单向轧制,道次压下量为0.6mm,变形程度为27.7%、49.2%和86.2%的板材沿厚度方向下表面、次中层和中心层{111}面极图

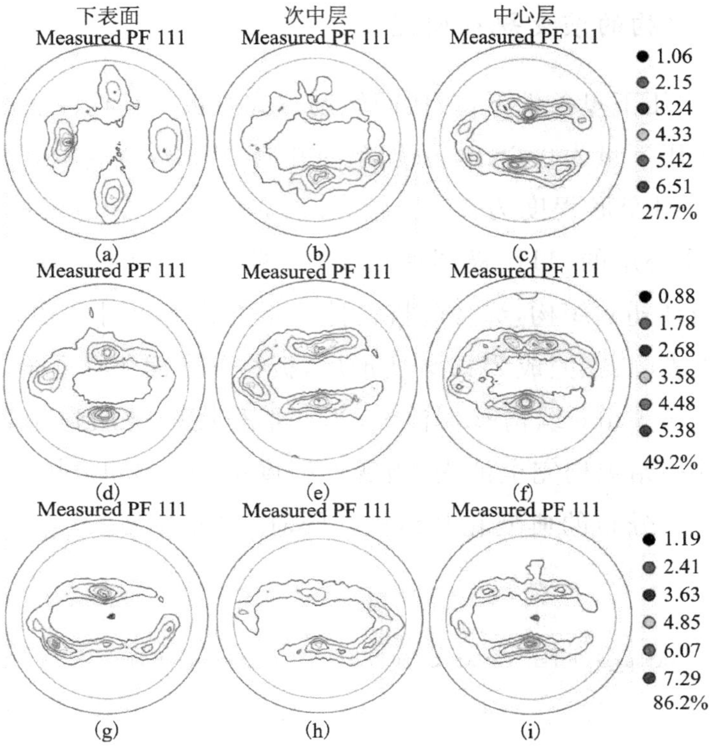

图 4-18　绕 RD 旋转 180°轧制，道次压下量为 0.6mm，变形程度为 27.7%、49.2%和 86.2%的板材沿厚度方向下表面、次中层和中心层{111}面极图

针对单向轧制板材，由图 4-17(a)至图 4-17(c)可知，在经过 27.7%变形后，沿板材厚度方向均形成{111}面织构；随着变形程度逐步从 27.7%逐步经 49.2%增加到 86.2%时，板材下表面和次中层继续形成{111}面织构，而中心层的剪切织构消失。在单向轧制过程中，板材沿厚度方向受到持续累积的剪切应变，同时，根据 4.3 节的论述，Δ 与摩擦力施加给板材方向相反的剪切应变，促进了晶粒取向绕 TD 方向转动至剪切取向。此外，根据图 4-5(c)和图 4-12 可知，在较大道次压下量条件下，板材表层的 ε_{13} 与 ε_{31} 综合值大于 0.5，表层形成剪切织构，随着变形程度增加，剪切织构向板材次中层扩展。因此，变形结束后，单向轧制板材在表层和次中层均形成较强的剪切织构。

针对绕 RD 旋转 180°轧制板材，随着变形量从 27.7%增加到 49.2%，板材的晶粒取向转动到轧制织构取向，没有形成{111}面织构。当变形量达到 86.2%时，由于晶粒受呈 RD 方向对称的累积剪切应变增大，促进了板材下

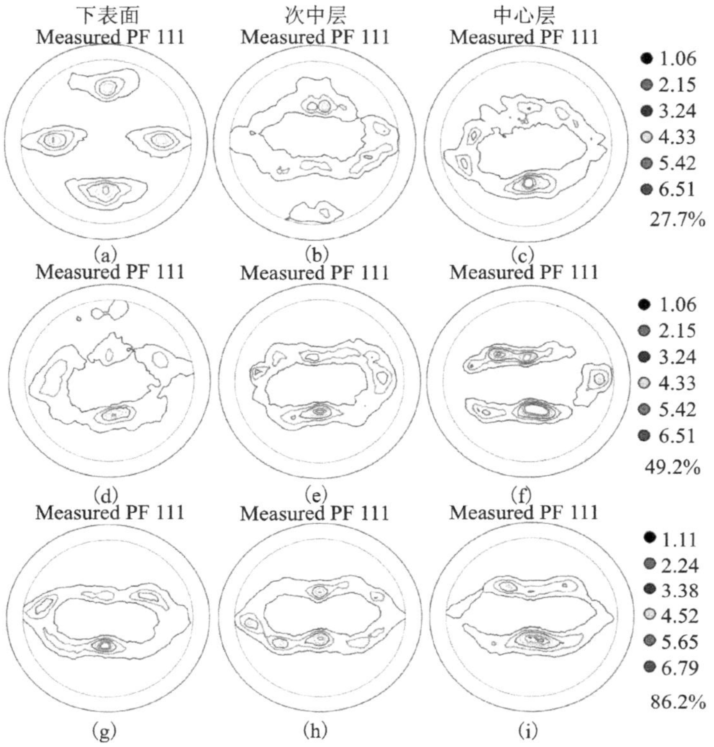

图 4-19 绕 ND 旋转 180°轧制，道次压下量为 0.6mm，变形程度为 27.7%、49.2%和 86.2%的板材沿厚度方向下表面、次中层和中心层{111}面极图

表面{111}面织构的形成。同时，由于变形的不均匀性，板材中心层也形成微弱的剪切织构。

针对绕 ND 旋转 180°轧制板材，随着变形量从 27.7%经 49.2%增加到 86.2%，由于在相邻道次间受到的剪切应变呈 ND 对称，使得板材水平方向的剪切应变分量方向相反，在变形时该剪切分量相互抵消，削弱了晶粒向剪切织构的流动。因此，沿板厚度方向的晶粒组织主要以轧制织构为主，抑制了{111}面织构的形成。

(2)小道次压下量条件下，轧制方式对板材织构演变的影响

板材道次压下量为 0.2mm，分别单向轧制、绕 RD 旋转 180°轧制和绕 ND 旋转 180°轧制到变形程度为 27.7%、49.2%和 86.2%，沿板厚度方向下表面、次中层和中心层的{111}极图如图 4-20、图 4-21 和图 4-22 所示。综合分析三种轧制方式下板材初始织构的演变规律。研究结果表明，随着变形量从

27.7%增加至49.2%，三种轧制方式板材表面与次中层均保留了部分初始织构。该现象与道次压下量为0.6mm时，经49.2%变形后形成的轧制织构或剪切织构显著不同。其主要原因为，结合图4-10和图4-11仿真结果，当道次压下量为0.6mm时，板材受到的剪切应变约为道次压下量为0.2mm时板材的5倍，较大的剪切应变使得晶粒取向转动明显，而较小的剪切应变对晶粒转动的促进作用较弱。因此，道次压下量为0.2mm的三种轧制方式板材在经过49.2%变形后，仍然保留了初始织构组分。随着变形程度增加到86.2%，板材呈现出典型了轧制“唇形”织构。同时，部分样品形成了{111}面织构。

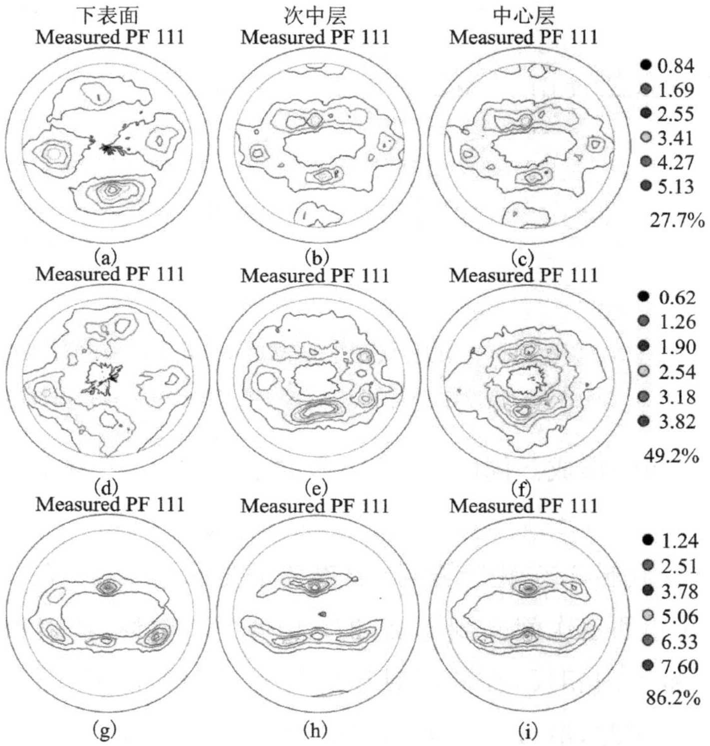

图4-20 单向轧制，道次压下量为0.2mm，变形程度为27.7%、49.2%和86.2%的板材沿厚度方向下表面、次中层和中心层{111}面极图

针对单向轧制和绕ND旋转180°轧制的板材，当变形量达到86.2%时，在次中层形成了{111}面织构。结合4.1节的论述[图4-5(b)]以及图4-12的仿真结果，当道次压下量为0.2mm时，ε_{13}与ε_{31}的综合值在次中层大于0.5，促进了剪切织构在该部位的形成。

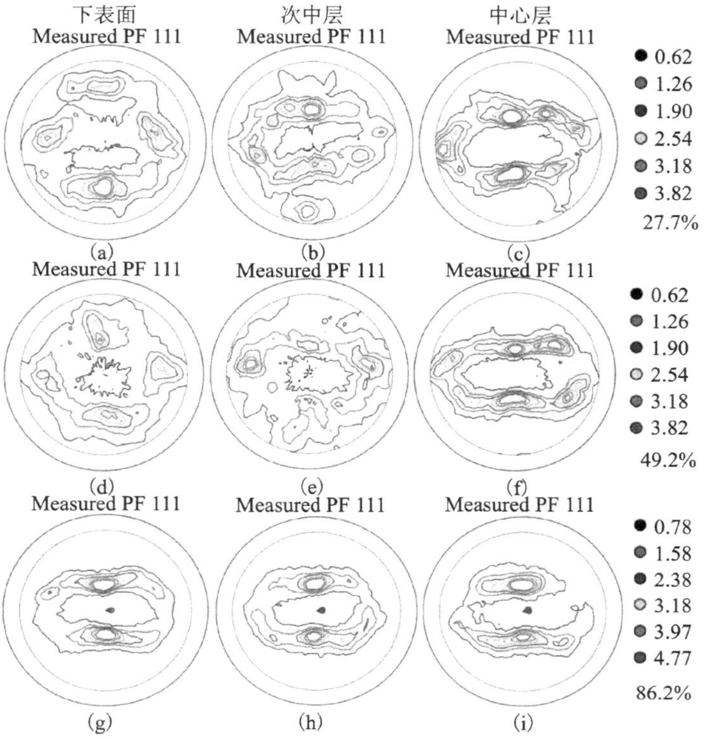

图 4-21　绕 RD 旋转 180°轧制，道次压下量为 0.2mm，变形程度为 27.7%、49.2%和 86.2%的板材沿厚度方向下表面、次中层和中心层{111}面极图

针对绕 RD 旋转 180°轧制的板材，当变形程度达到 86.2%时，沿板材厚度方向从下表面到中心层均形成了剪切织构。引起该现象的原因主要为以下 3 点：(1)道次压下量为 0.2mm 时，仿真得出其沿板厚方向的剪正比较大(图 4-12)；(2)板材在轧制过程中与轧辊接触的次数较多，板面与辊面的摩擦力促使剪切应变反复作用于板材，并随着板厚的减小从表面向中心发展；(3)板材在变形过程中受到呈 RD 方向对称的剪切变形，且每个道次沿 RD 方向的剪切分量逐步累积，最终促进了沿板材纵截面分布均匀的{111}面剪切织构。

综上所述，道次压下量为 0.6mm 时(大道次压下量)，单向轧制促使板材下表面至次中层形成了{111}面剪切织构；道次压下量为 0.2mm 时(小道次压下量)，绕 RD 旋转 180°轧制方式使得板材下表面至中心层均形成{111}面剪切织构。针对这两种非对称轧制工艺，展开织构取向密度在 β 取向线、η 取向线和 γ 取向线分布规律的研究。

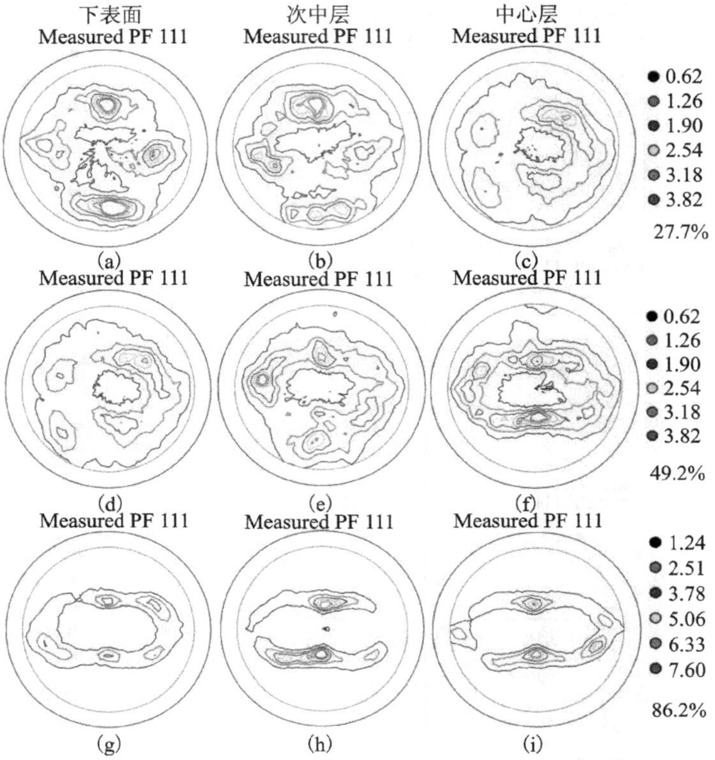

图 4-22　绕 ND 旋转 180°轧制，道次压下量为 0.2mm，变形程度为 27.7%、49.2%和 86.2%的板材沿厚度方向下表面、次中层和中心层{111}面极图

4.4.3　织构取向线的演变及分析

(1)β 取向线

随着变形程度增加，轧制织构组分的密度沿 β 取向线的演变如图 4-23 所示。在大道次压下量和单向轧制工况下(工况 1)，板材从下表层到中心层 β 取向线的密度随着变形程度的增加而增加。主要原因是在平面压缩应变条件下，初始粗大晶粒被位错切割破碎，晶粒取向聚集于 β 取向线，变形程度越大，对晶粒转动的推动作用越大，β 取向线的密度越大。在小道次压下量和绕 RD 旋转 180°轧制工况下(工况 2)，β 取向线与工况 1 呈现出相似的演变规律。然而，小道次压下量的 β 取向线密度峰值的增加幅度小于大道次压下量。此外，由于轧制过程中 C 和 B 取向晶粒都具有稳定性，而 S 取向晶粒不稳定，属于 C 到 B 的过渡取向。因此，S 取向附近有较大的密度分布是邻近

晶粒对变形晶粒产生的切应变约束造成的[64]。由此可知,工况1和工况2均促进了晶粒转向β取向线,其密度峰值随道次压下量和变形程度的增加而增加,并在C和B取向达到最大。

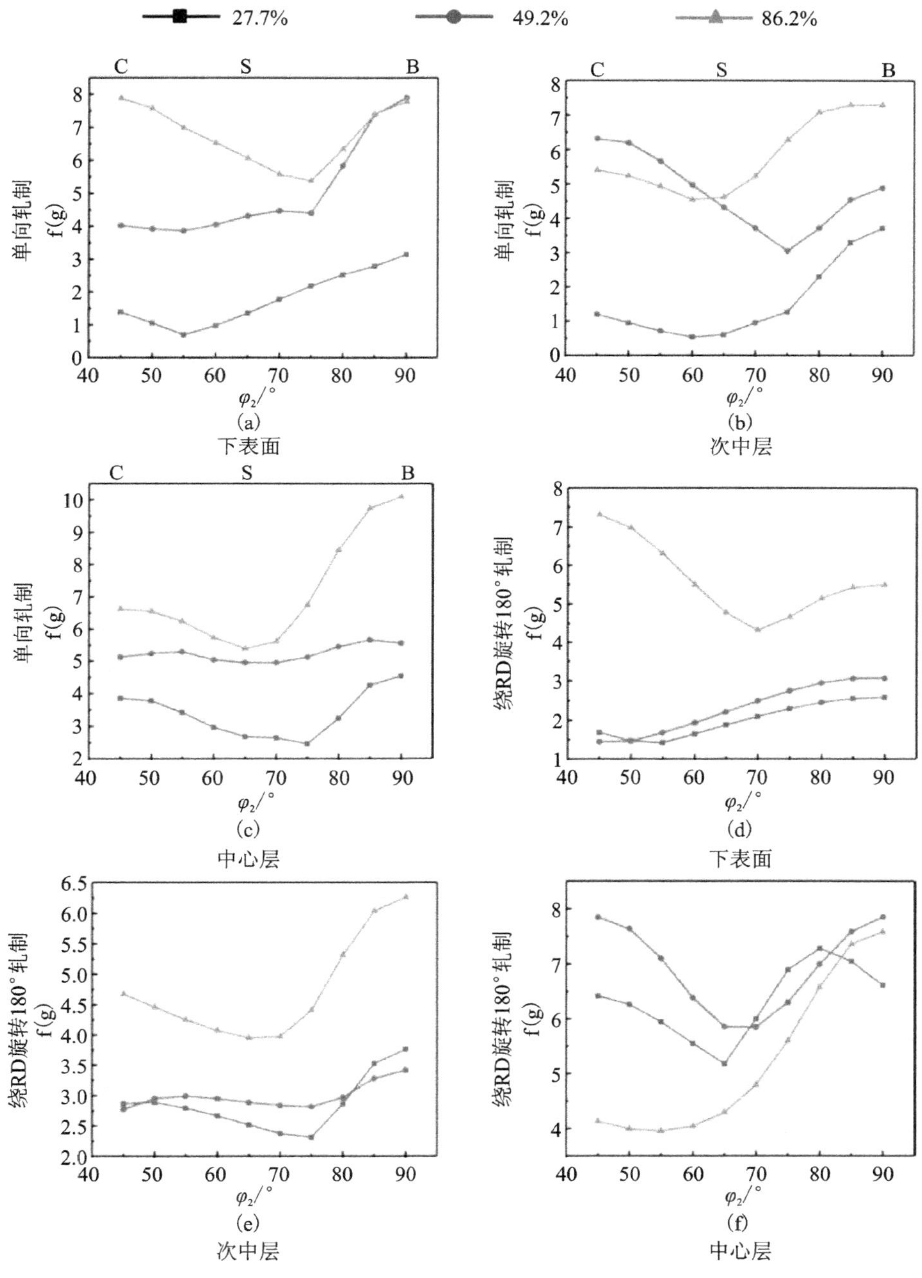

图4-23 不同变形程度下表面、次中层和中心层的β取向线

(a)、(b)、(c)道次压下量为0.6mm,单向轧制;(d)、(e)、(f)道次压下量为0.2mm,绕RD旋转180°轧制

图 4-24 为与图 4-23 相对应的 β 取向线位置。β 取向线位置表示晶粒取向密度在各等 φ_2 值面上最高值处的 φ_1 值和 φ 值。在完成 27.7%变形时，两种工况下，下表面和次中层晶粒聚集的取向位置与标准 C 取向位置的偏离程度较大。主要原因是在完成小变形量后，轧制力对初始晶粒取向的转变作用

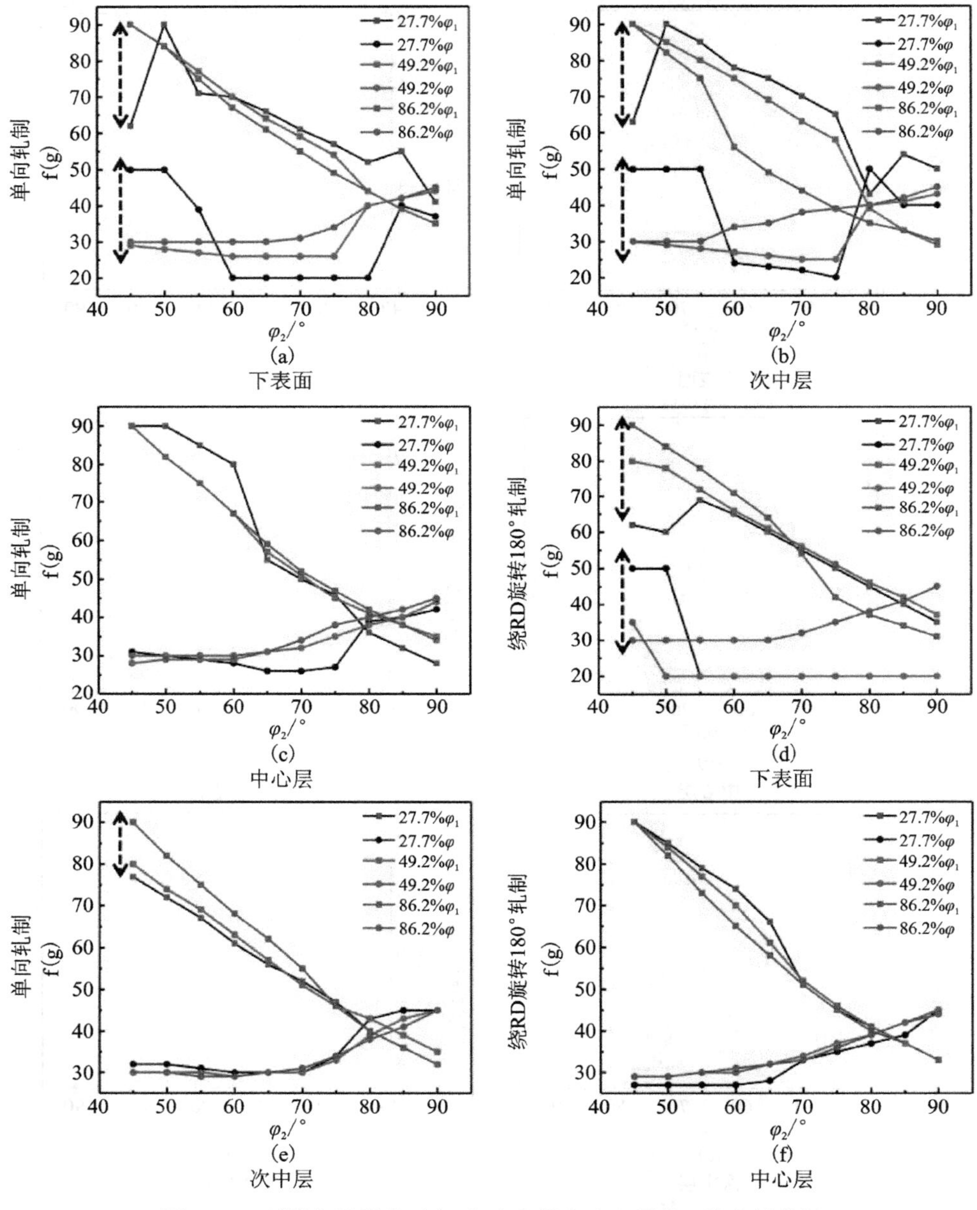

图 4-24　不同变形程度下表面、次中层和中心层的 β 取向线位置

(a)、(b)、(c)道次压下量为 0.6mm，单向轧制；(d)、(e)、(f)道次压下量为 0.2mm，绕 RD 旋转 180°轧制

较小，晶粒取向正处于转向 β 取向线的过渡阶段。随着变形量从 27.7%经 49.2%增加至 86.2%，沿板厚度方向的大量晶粒聚集在 β 取向线上，使得 C、S 和 B 取向密度值达到最大。此外，对于中心层晶粒，由于初始织构在该位置是以轧制织构组分为主(图 2-10)，随着变形程度从 27.7%增加到 86.2%，晶粒取向进一步在 β 取向线聚集。

(2)η 取向线

上述两种工况下，板材下表面到中心层样品的 η 取向线如图 4-25 所示。随着变形程度的增加，板材下表面和次中层的晶粒取向沿 η 取向线绕 TD 方向转向 D 和 C 取向。变形完成后，初始织构消失，轧制织构得以强化。与对称轧制时初始织构的演变规律相比(图 3-7)，在同等变形程度下，非对称轧制驱动 R-Cube 取向转变的作用力较小，且初始织构随变形程度呈现明显的梯度变化。引起该现象的原因是，非对称轧制引入的剪切应变激活了$(\bar{1}11)[110]$和$(1\bar{1}1)[110]$滑移系和$(111)[0\bar{1}1]$和$(111)[\bar{1}01]$滑移系，前一组共向滑移形成了$(001)[110]$取向，后一组共面滑移形成了$(111)[\bar{1}\bar{1}2]$取向，$(001)[110]$剪切织构的形成减缓了初始织构的降低。此外，中心层的初始织构主要以轧制织构为主，D 和 C 取向的密度峰值随着变形程度的增加而增加。

(3)γ 取向线

两种非对称轧制工艺制备的板材沿厚度方向下表面、次中层和中心层的$\{111\}$面剪切织构取向密度如图 4-26 所示。剪切织构 E$\{111\}\langle110\rangle$和 F$\{111\}\langle112\rangle$的欧拉角如图 1-5 所示，结合 γ 取向线分析可知，工况 1 的板材，其下表面的 F 织构随变形程度的增加，其取向密度从 1.15 增加至 2.68，而 E 织构从 1.70 降低至 0.06；次中层的 F 织构取向密度从 1.03 先增至2.39 随后降低到 0.99，E 织构取向密度从 1.40 降低至 0.80；中心层的 F 织构取向密度从 1.15 降低至 0.64，E 织构取向密度从 1.67 降低至 0.43。综上，除了表层 F 织构取向密度得以增加，其余部位的剪切织构并没有随着变形程度的增加而被强化，E 织构反而出现降低。

工况 2 的板材，随着变形程度的增加，下表层的 F 织构取向密度从 1.60 增加至 2.53，E 织构取向密度从 1.08 降低至 0；次中层的 F 织构取向密度从 0.99 增至 1.46，E 织构取向密度从 0.36 先增加至 0.78 随后降低到 0.48；中心层的 F 织构取向密度 1.14 增加至 1.40，E 织构取向密度从 0.46 降低至

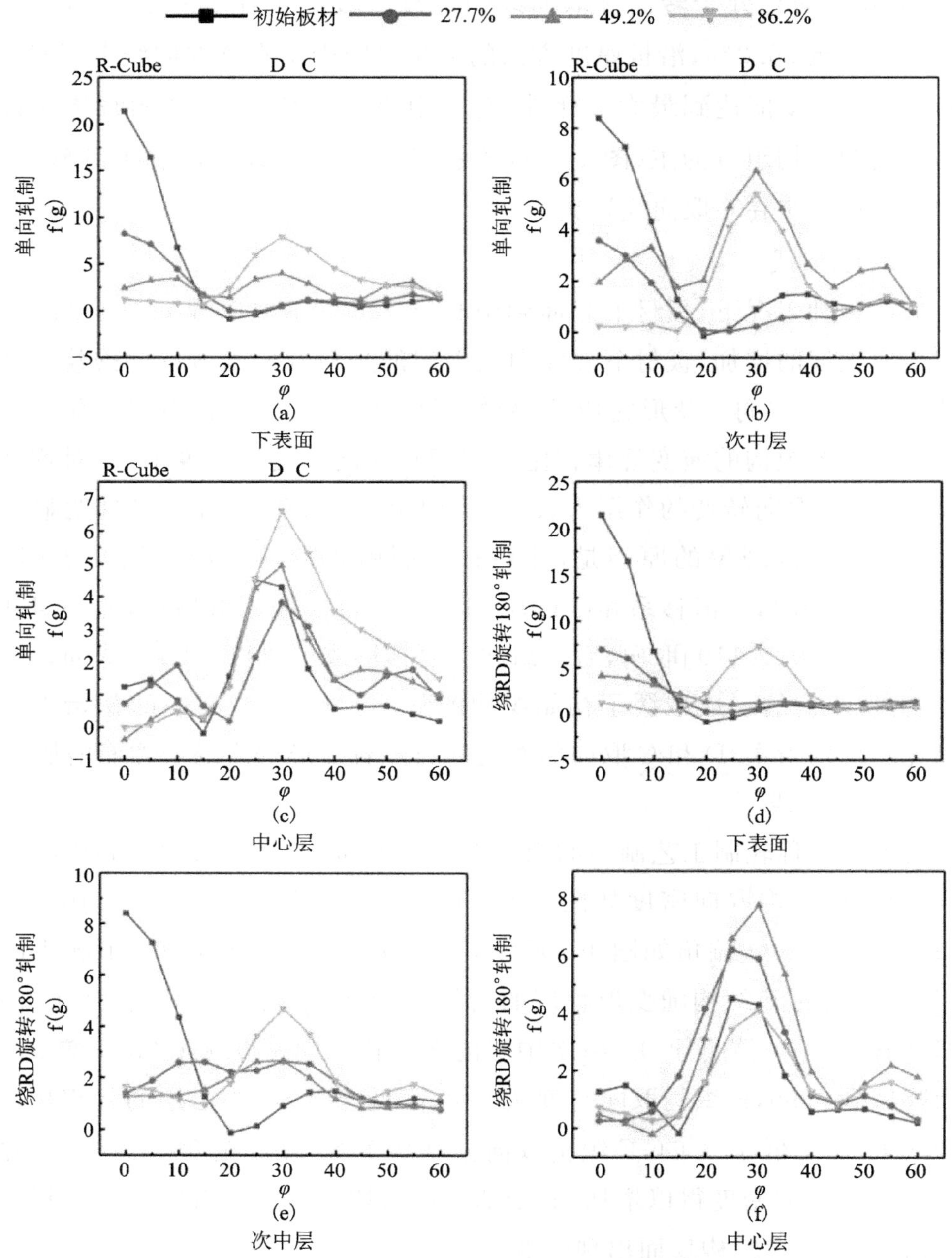

图 4-25 不同变形程度下表面、次中层和中心层的 η 取向线

(a)、(b)、(c)道次压下量为 0.6mm，单向轧制；(d)、(e)、(f)道次压下量为 0.2mm，绕 RD 旋转 180°轧制

0.36。综上，板材各部位的 F 织构取向密度随着变形量的增加而增加，而 E 织构被削弱。

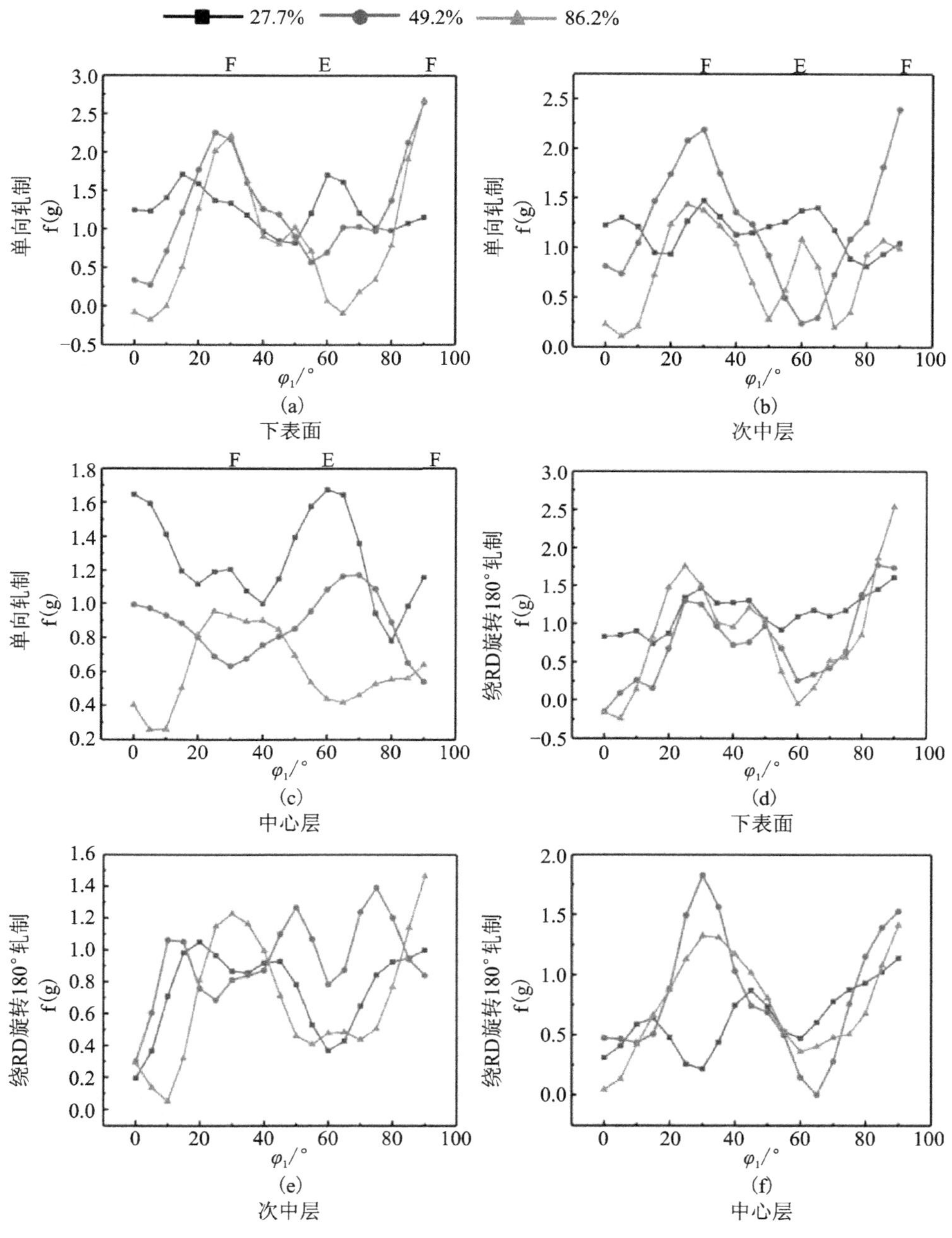

图 4-26 不同变形程度下表面、次中层和中心层的 γ 取向线

(a)、(b)、(c)道次压下量为 0.6mm,单向轧制;(d)、(e)、(f)道次压下量为 0.2mm,绕 RD 旋转 180°轧制

分析上述检测结果可得,工况 2 的板材在沿板材厚度方向均形成 F 织构,而工况 1 的板材只有表面的 F 织构被强化。同时,变形初期形成的 E 织

构随着变形程度的增加而减小。因此，非对称轧制结束后，板材形成以 F 织构为主的剪切织构，且工况 2 的板材获得的剪切织构更为均匀。

由上述实验结果可得，在非对称轧制时，F 织构比 E 织构更具稳定性。剪切织构的稳定性取决于剪正比 α，在平面压缩应变条件下（$\alpha=0$），初始织构(001)[110]属于亚稳取向，在变形过程中容易发生转变，这与 VPSC 模拟结果（图 3-4）和实验检测结果（图 3-7）相符，即对称轧制时，初始织构(001)[110]极易发生转变；当 $\alpha>0$ 时，(001)[110]取向变得稳定[90]，导致了非对称轧制过程中初始织构(001)[110]随变形程度的增加，呈现出比对称轧制的初始织构降低速率缓慢的现象。对于 F 织构{111}<112>，当 $\alpha>0$ 时，轧制织构 S 取向如$(123)[63\bar{4}]$和$(123)[\bar{6}3\bar{4}]$，在剪切变形后稳定在$(111)[11\bar{2}]$；对于轧制织构 C 取向，$(112)[11\bar{1}]$在剪切作用下转向$(111)[11\bar{2}]$[90]。因此，基于非对称轧制变形特征，剪切应变促进了 F 织构的发展，而对于 E 织构的作用较弱。此外，对于工况 2 的板材，非对称轧制促进板材中心层对称轧制织构转向 F 剪切织构，最终形成了沿板厚度方向均匀分布的剪切织构。

综合上述对织构取向线的研究，在非对称轧制条件下，随着变形程度的增加，晶粒取向沿 β 取向线聚集，具有初始织构取向的晶粒沿 η 取向线向 D 和 C 取向聚集，完成变形后，在标准 β 取向线位置处的织构密度峰值最高。同时，非对称轧制强化了晶粒取向向 F 剪切织构流动，板材经较小道次压下量和绕 RD 旋转 180°轧制后获得了比大道次压下量和单向轧制综合密度更高、分布更均匀的剪切织构。此外，板材在道次压下量为 0.6mm 的单向轧制条件下，轧制后的板材出现向下轧辊（低速辊）弯曲的现象，同时，与上轧辊（高速辊）接触的板材表面，由于受到较强的剪切变形，其表面出现明显的辊印，表面质量较差。而板材在道次压下量为 0.2mm，道次间绕 RD 旋转 180°的轧制条件下，由于在道次间进行翻面处理，使得板材受到的剪切作用较为均匀，板形得到较好的控制，降低了轧面辊印，同时，道次间绕 RD 旋转 180°在工业化生产中可以通过往复异步轧制实现。因此，0.2mm 道次压下量及绕 RD 旋转 180°轧制为较佳非对称轧制工艺。

4.5 本章小结

本章借助ABAQUS有限元仿真研究了变形几何参数和异速比对剪切应变的影响规律；通过在VPSC模型中耦合仿真结果并结合实验验证，研究了变形几何参数和不同道次间轧制方式对剪切织构的影响规律；通过{111}面极图和取向线分析，系统研究了不同道次压下量和道次间轧制方式对剪切织构演变的影响规律，得到主要结论如下：

(1)变形几何参数和异速比对剪切应变的影响显著。当变形几何参数为0.99时，随着异速比的增加，下表面单元体剪切应变从0.05增加至0.13；当变形几何参数为1.77时，随着异速比的增加，下表面单元体剪切应变从0.01增加至0.03；随着变形几何参数从0.99增大至1.77，板材受到的剪切应变减小，但是下表面剪正比从1.25增加至2.15。通过有限元仿真，确定变形几何参数分别为0.99和1.77时，非对称轧制的异速比均为1.80。

(2)当非对称轧制变形量为27.7%时，通过VPSC模拟剪切织构得出：单向轧制的晶粒取向聚集在理想剪切织构附近；改变道次间轧制方向的晶粒取向可以转到理想剪切织构位置。在翻转轧制条件下，当变形几何参数为0.99时，VPSC模拟的剪切织构取向密度为0.4，而实际检测的值接近0，模拟与实际偏差较大；当变形几何参数为1.77时，翻转轧制板材下表面形成了弱剪切织构，取向密度为1.0，模拟结果与实验检测值基本一致。

(3)变形程度、道次压下量和道次间轧制方式对剪切织构的演变均有影响。随着变形程度从27.7%经49.2%增加到86.2%，道次压下量为0.6mm时，单向轧制表面和次中层形成剪切织构，取向密度分别为2.68和0.99，改变轧制方向后，板材的剪切织构较弱甚至没有形成；道次压下量为0.2mm时，绕RD旋转180°轧制方式使得板材沿厚度方向形成强剪切织构，取向密度从下表面到中心层分别为2.53、1.46和1.40，而其他道次间轧制方式形成的剪切织构较弱。

(4)随着变形程度从27.7%经49.2%增加到86.2%，β取向线和η取向线的密度峰值随之增加；非对称轧制促进了晶粒取向向F剪切织构流动，

0.2mm道次压下量及绕RD旋转180°轧制条件下，板材可以获得高密度且分布均匀的剪切织构。

(5)本章确定的较佳非对称轧制工艺是：异速比1.8，道次压下量0.2mm，道次间绕RD旋转180°。

5 非对称轧制6016铝合金铸轧板组织与织构及性能研究

第4章研究表明，铸轧板在异速比1.8、道次压下量0.2mm和道次间绕RD旋转180°的非对称轧制方式下，板材沿厚度方向形成均匀且取向密度较强的剪切织构F{111}＜112＞。同时，由于异速比对板材剪切应变的影响显著，本章基于上述非对称轧制工艺，进一步探明退火条件下，异速比调控剪切应变对板材组织、织构及性能的影响规律。同时，借助准原位EBSD表征手段，探明剪切织构在再结晶退火时的形核-长大机制。

5.1 实验方案

初始铸轧板坯尺寸规格为6.5mm×100mm×150mm(板坯厚度×板坯宽度×板坯长度)，按照道次压下量0.2mm和道次间绕RD旋转180°的轧制方式分别以异速比1.4和异速比1.8在室温条件下轧到1.0mm。同时，作为对比研究板材，将板材对称轧制到1.0mm，其异速比为1.0。具体的工艺流程如图5-1所示。实验所用设备如3.1.1和4.4.1所述，下辊速恒定不变，为1.57rad/s，上辊速分别设置为2.20rad/s和2.80rad/s，对应的异速比为1.4和1.8。

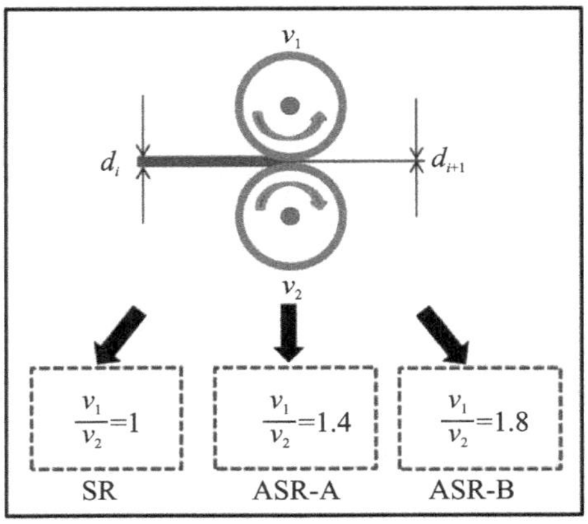

图5-1 铸轧板坯轧制示意图(i是指轧制道次)

板材的宏观织构、EBSD、TEM 以及力学性能检测方法详见 2.3 节和 3.1 节。在观察金相组织时，通过在溶液(配比:20mL HBF_4 和 100mL H_2O)完成阳极覆膜，具体覆膜参数为电压 25V 时间 30s 左右。所有样品的观察位置均位于样品中心部位。根据图 5-3 可知，板材在退火温度为 330℃，保温时间为 60min 时，可以发生完全再结晶。因此，本节选取的三种冷轧板样品退火温度为 330℃，保温时间从 0min 增加到 60min，并跟踪检测样品的硬度值。

准原位 EBSD 表征时，选取异速比为 1.8 的非对称轧制板材，在 330℃空气炉中保温 0.3×10^3 s，然后选取 ND-RD 面为观察面，完成机械抛光和电解抛光。借助维氏硬度计，在观察面做一个菱形标记，该标记作为参考系，辅助完成准原位检测。退火处理的样品完成 EBSD 检测后，将样品取出，用铝箔纸紧密包裹该样品，确保再次 EBSD 检测时观察面的表面不被氧化。在空气炉中继续保温，累积保温时间达 0.6×10^3 s，然后根据菱形标记，完成准原位检测。类似的操作再重复两次，使得样品的累积保温时间分别达到 1.2×10^3 s 和 6.0×10^3 s，并完成 EBSD 检测。

5.2 异速比对 6016 铝合金铸轧板组织的影响

5.2.1 板材轧制后的组织分析

不同异速比轧制工艺下板材的金相组织如图 5-2 所示。异速比对板材纵截面变形组织的影响比较明显。在对称轧制后，晶粒组织沿 RD 方向被拉长，并呈现出细长的纤维状组织，如图 5-2(a)。而非对称轧制施加给板材剪切应变，使纤维状晶粒折弯或是相互交错，如图 5-2(b)和图 5-2(c)。通过局部组织放大可清晰地观察到剪切变形对组织形态的影响，如图 5-2(d)所示。研究表明，对称轧制条件下平直的纤维组织随着异速比的增加，组织扭曲的程度增加。主要原因是板材在非对称轧制过程中引入了较多的累积剪切应变，有效切割破碎晶粒，导致晶粒形成不规则变形组织。

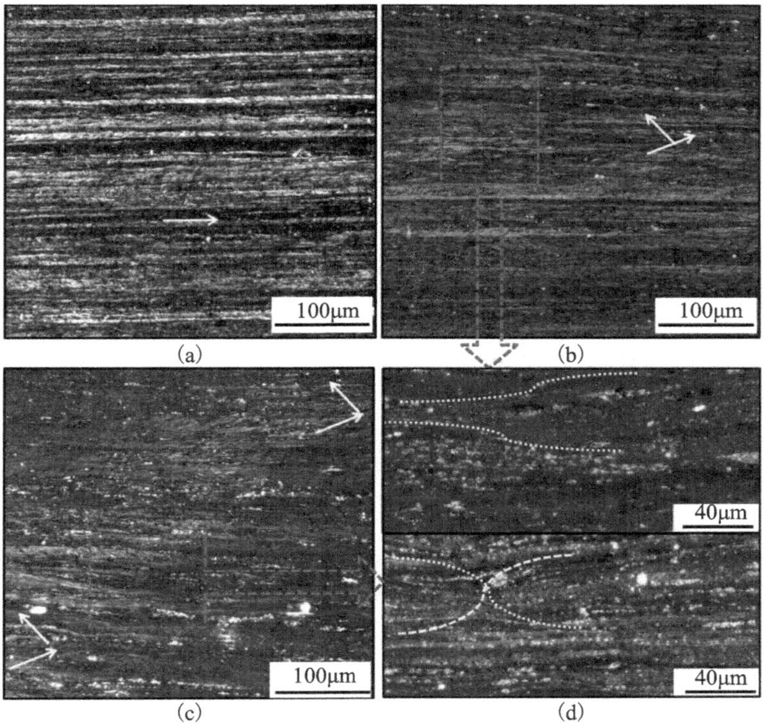

图 5-2 冷轧后板材的金相组织

(a)对称轧制板材 SR；(b)非对称轧制板材 ASR-A；(c)非对称轧制板材 ASR-B；(d)局部组织放大图

5.2.2 板材在退火过程中的组织演变研究

(1)再结晶退火工艺的确定

将三种冷轧板材进行 330℃退火处理，其硬度随时间的变化趋势如图 5-3 所示。板材经过不同异速比轧制后，其退火软化行为规律基本一致。在退火初期，即退火发生 5min 时，板材的硬度值急剧下降。随着退火时间的延长，硬度值下降速率逐渐降低。对于对称轧制板材，初始硬度值为 72.4HV，在经过 20min 退火后，硬度值降为 47.1HV，发生 35.5%的部分再结晶；异速比为 1.4 的板材退火 10min，硬度值从 76.5HV 降到 47.2HV，发生 37.5%的部分再结晶；当异速比为 1.8 时，初始硬度 80.3HV 经 15min 退火，降低至 51.1HV，发生 36.5%的部分再结晶。由于板材的再结晶形核发生于不完全退火条件下，因此，针对三种板材，选择上述退火工艺使其保证基本一致的再结晶程度，并展开再结晶形核行为的研究。当板材在经过 50～60min 退火后，其硬度值保持稳定，表明板材发生了完全再结晶。通过选择该条件下不同板材的样品，展开异速比影响再结晶组织、织构及性能的研究。

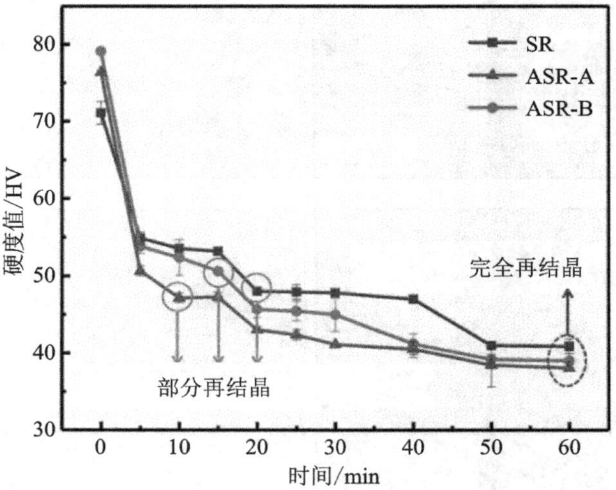

图 5-3　不同异速比轧制板材在 330℃不同时间退火条件下的硬度变化

(2)再结晶形核机理研究

部分再结晶板材的金相组织如图 5-4 所示，三种样品均出现较宽的带状组织。通过分析局部放大图，非对称轧制样品纵截面出现明显的剪切条纹，如图 5-4(b)、图 5-4(c)所示。当异速比为 1.4 时，板材沿厚度方向的剪切条纹呈规则层状排布；当异速比为 1.8 时，剪切条纹呈现出无序排布的状态。出现该现象的主要原因是：轧制道次间绕 RD 旋转 180°，使得板材沿厚度方向获得与实际剪切应变梯度方向平行的剪切条纹，且随着异速比的增加，基体受到的剪切作用愈强，形成的剪切条纹愈发杂乱无序。

板材部分再结晶微观组织 EBSD 图，形核尺寸以及取向差分布如图 5-5 所示。实验结果表明：异速比对板材的部分再结晶行为影响显著。分析图 5-5(a)至图 5-5(c)可知，晶粒沿 RD 方向呈现出典型的层状组织，并镶嵌着再结晶晶核。随着异速比的增加，层状组织的宽度由 10～50μm 降低到 5μm，但是，晶核的数量和尺寸得以提高，如图 5-5(d)至图 5-5(f)。对称轧制板材退火后形成的晶核平均尺寸约为 9.07μm，经统计晶核个数约为 62 个；异速比

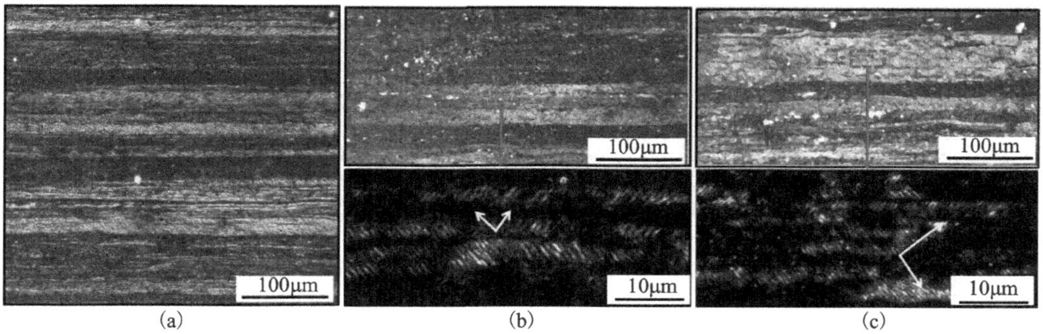

图 5-4 部分再结晶后板材的金相组织

(a)对称轧制板材 SR;(b)非对称轧制板材 ASR-A;(c)非对称轧制板材 ASR-B

为 1.4 的板材晶核平均尺寸为 11.91μm,个数约为 64 个;当异速比增加至 1.8时,晶核尺寸增大到 12μm,个数提升至约 88 个。再结晶晶核的数量和尺寸出现明显差异的主要原因是:非对称轧制板材承受的累积等效应变大于对称轧制板材,且与异速比正相关。因此,较大剪切应变在细化变形组织的同时提高了再结晶形核驱动力。

随着异速比的增加,晶粒取向差随之增加,如图 5-5(g)至图 5-5(i)所示。引起该现象的原因是:具有小角度晶界的亚结构或亚晶在较大异速比轧制后退火时,通过晶界迁移完成合并和粗化,形成大尺寸亚晶,当亚晶长大至与大角度晶界相邻时,成为再结晶晶核。异步轧制形成的晶核数量较多,对小角度晶界的消耗量较大,导致部分再结晶退火后的晶粒取向差大。而对于对称轧制板材,由于基体储能比异步轧制的小,在相同退火软化程度下,小角度晶界的迁移速率以及发生长大或粗化的亚晶数量均小于异步轧制,能够长大至临界尺寸成功形核的亚晶数量较少,基体内的亚晶界占比较大,晶核数量最少[如图 5-5(d)图 5-5(f)],因此,其整体的取向差最小。

板材经对称轧制和以异速比为 1.8 非对称轧制后的 TEM 图如图 5-6 所示。对称轧制板材退火后的平均亚晶尺寸为 315nm,异步轧制板材的平均亚晶尺寸为 848nm。亚晶作为再结晶形核质点,其在退火时的长大主要通过亚晶界迁移完成,而亚晶界的迁移驱动力来自变形引入的位错。异步轧制使得板材的等效应变增加,位错密度得以提高。而较高位错密度驱动亚晶界在退火时快速迁移,促进了亚晶的生长。因此,异步轧制板材的亚晶尺寸远大于

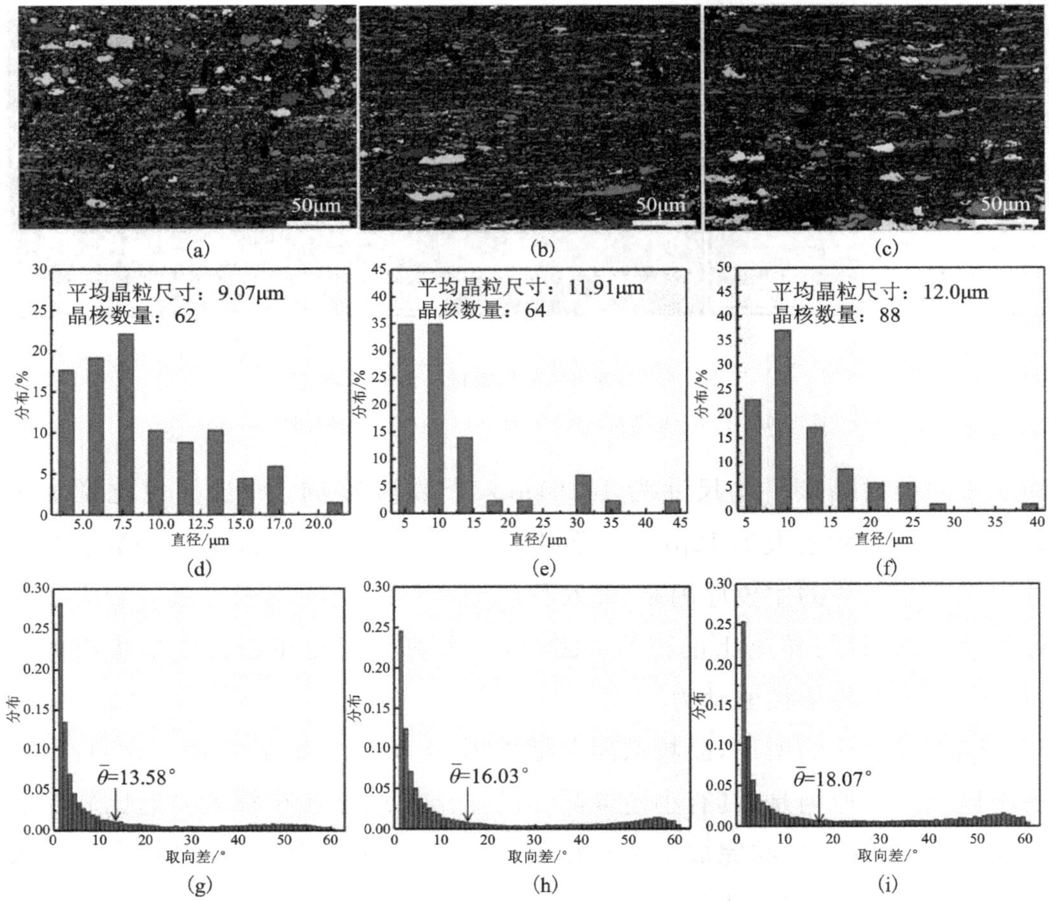

图 5-5　部分再结晶后板材的 EBSD 反极图、形核尺寸分布和取向差分布图

(a)、(d)、(g)对称轧制板材 SR；(b)、(e)、(h)非对称轧制板材 ASR-A；(c)、(f)、(i)非对称轧制板材 ASR-B

对称轧制板材。同时，结合图 5-5，大尺寸的亚晶容易长大至临界尺寸并转变为再结晶晶核，最终导致异步轧制板材的晶核数量增多。

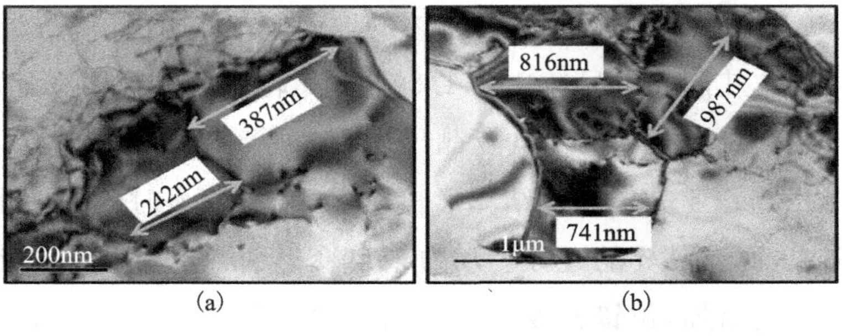

图 5-6　对称轧制和异速比为 1.8 非对称轧制部分再结晶后样品的 TEM 图

(a)对称轧制；(b)异速比为 1.8 非对称轧制

板材部分再结晶局部取向差分布如图 5-7 所示。取向差从 0°增加到 5°，基体对应的颜色从蓝色变为红色。再结晶晶核为蓝色，表面晶核内部的位错密度接近于零，亚晶长大消耗了内部的位错，降低了局部取向差。基体内的层状组织以绿色和黄色为主，表明该组织以亚结构为主，其位错密度较高。随着异速比的增加，取向差值从 1.63 经 1.45 降低至 1.19。以 1.8 异速比轧制的板材，再结晶晶核数量和尺寸达到最大，伴随着蓝色区域占比也达到最大，基体平均位错密度降到最低。而对称轧制板材再结晶晶核数量少尺寸小，蓝色区域占比最小，基体平均位错密度最高。

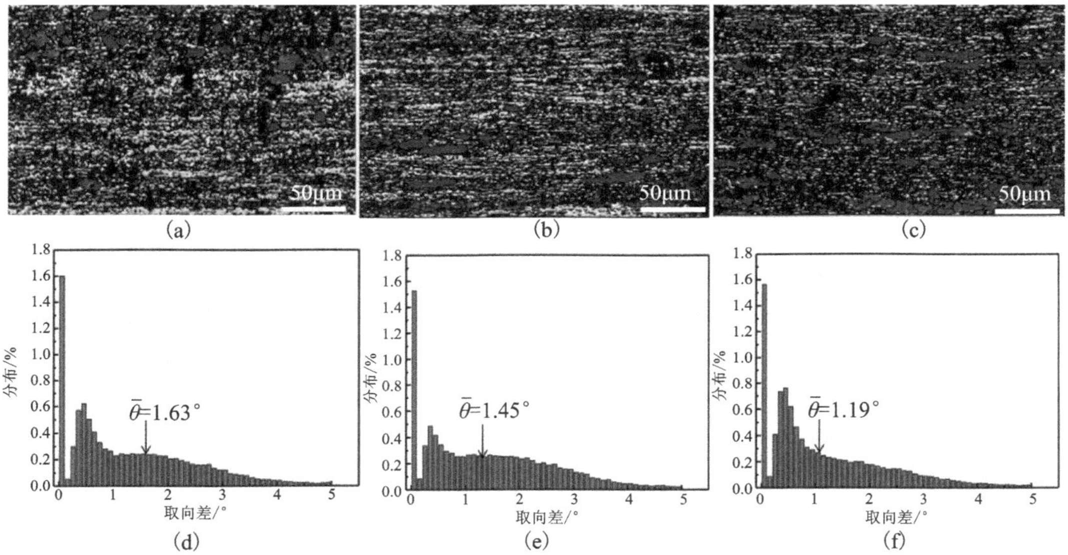

图 5-7　部分再结晶 KAM 图及局部取向差分布图

(a)、(d)对称轧制板材 SR；(b)、(e)非对称轧制板材 ASR-A；(c)、(f)非对称轧制板材 ASR-B

综合上述分析，异速比为 1.8 时，板材部分再结晶后的位错消耗最多，导致基体晶核数量最多，平均晶核尺寸最大，平均取向差最大，局部取向差最小；而对称轧制板材的位错消耗较少，导致晶核数量最少，对应的晶核尺寸小，平均取向差最小，局部取向差最大。

(3)再结晶组织长大机理研究

板材完全再结晶后 EBSD、晶粒尺寸和取向差分布如图 5-8 所示。当异速比为 1 时，晶粒沿 RD 方向延展。当异速比为 1.4 时，有部分细小再结晶晶粒形成,并且绕沿 RD 方向长大的晶粒分布。当异速比达到 1.8 时,基体同时出现沿 RD 方向长大的晶粒和大量连续再结晶组织,如图 5-8(c)所示。随着异速比的增加,平均晶粒尺寸从 19.50μm 降低到 12.50μm,最终晶粒尺寸减小至 11.64μm,如图 5-8(d)至图 5-8(f)所示。以异速比 1.8 轧后的板材,部分晶粒的尺寸小于 1μm。在异步轧制过程中,板材经受了反复的剧烈剪切变形,局部出现应变集中的高密度位错区域,再结晶发生时,发生快速退火,伴随着晶粒形核长大,形成细晶带。

分析图 5-8(g)至图 5-8(i),晶粒取向差随着异速比的增加从 29.86°降低至 11.18°。对于对称轧制板材,退火时通过大角度晶界迁移完成再结晶,形成了以不连续再结晶晶粒为主的再结晶组织,其晶粒取向差较大。对于非对

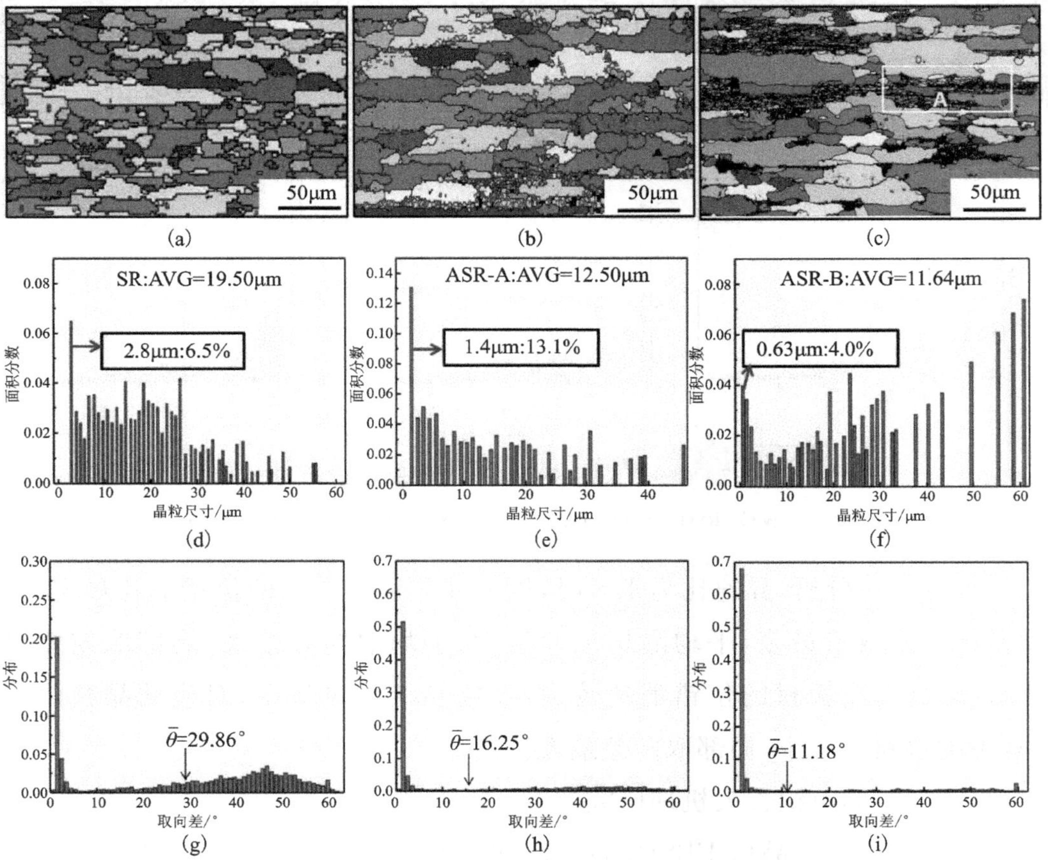

图 5-8　完全再结晶后板材的 EBSD 反极图、晶粒尺寸分布和取向差分布图

(a)、(d)、(g)对称轧制板材 SR;(b)、(e)、(h)非对称轧制板材 ASR-A;(c)、(f)、(i)非对称轧制板材 ASR-B

称轧制板材，剪切变形导致局部组织出现高密度位错区域，再结晶退火时，该区域迅速发生回复，产生连续再结晶，再结晶完成后保留了部分小角度晶界，且其占比与异速比正相关。因此，随着异速比的增加，小角度晶界含量增加，导致晶粒取向差降低。

异速比为 1.8 时，完全再结晶后板材的局部放大图如图 5-9 和 5-10 所示。分析图 5-9(b)，绿线表示晶粒取向差为 2°～15°，发生连续再结晶；黑线表示晶粒取向差大于 15°，发生不连续再结晶。层状的大角度晶界与轧向平行，其中间隔着小角度晶界。板材经过多道次非对称轧制，在强剪切变形作用下晶粒取向趋于收敛，从而导致基体保留了变形后的小角度晶界。以取向差 15°为分界线建立的两个子集，分别分析其组织和取向差分布，如图 5-9(c)至图 5-9(f)所示，以及局部取向差分布，如图 5-10(a)至图 5-10(d)所示。发生连续再结晶的晶粒取向差为 2.1°，小于不连续再结晶区域 5.6°，而局部取向差是 0.81°，大于不连续再结晶区域 0.36°。研究表明：板材发生连续再结晶后，保留了具有小角度晶界的亚结构，导致基体的取向差减小；同时，保留的亚结构增加了基体的局部取向差。

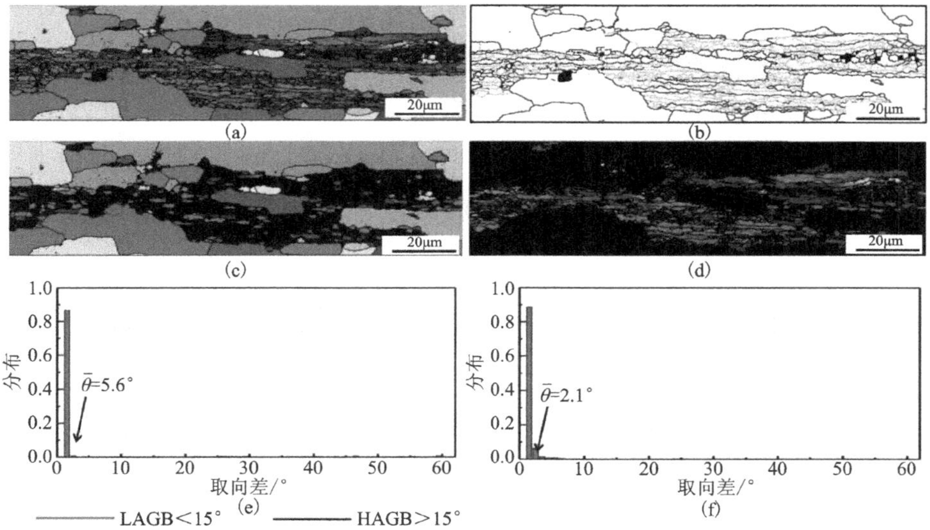

图 5-9　异速比为 1.8 时完全再结晶后板材的局部放大图

(a)A 局部区域放大图；(b)A 区晶界图，绿色线代表取向差为 2°～15°，黑色线为取向差大于 15°；(c)基于取向差大于 15°建立的 EBSD 图子集；(d)基于取向差为 2°～15°建立的 EBSD 图子集；(e)子集(c)的取向差分布图；(f)子集(d)的取向差分布图

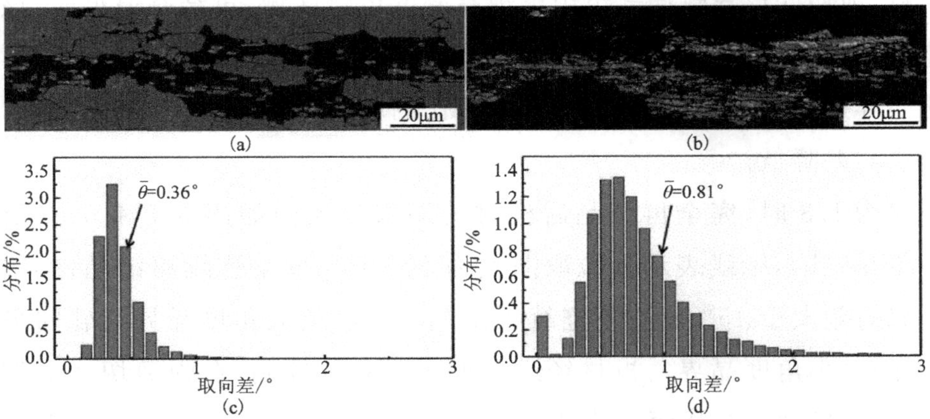

图 5-10　图 5-9 的局部取向差分布图

(a)、(c)图 5-9(c)局部取向差分布图；(b)、(d)图 5-9(d)局部取向差分布图

当发生连续再结晶时，基体中形成细晶带，主要原因有以下两个方面：①大角度晶界的体积分数随着应变的增加而增加，当该体积分数达到一定程度时，不再发生变化。异速比为 1.8 时，剪切应变引入的大角度晶界达到饱和，导致板材形成稳定结构。在后续退火时，由于大角度晶界的迁移受阻，使得常规晶界的合并长大得到抑制，变形组织得以保留。②板材大变形后基体取向差收敛性较好，取向梯度得以降低，形成取向接近的变形组织，晶粒的形核长大，被具有相似取向的变形区域阻碍，降低了不连续再结晶驱动力。同时，在退火时，小角度晶界的激活能较高，晶界迁移被抑制，形成取向钉扎。因此，板材再结晶完成后，局部依然保留变形组织特征，形成连续再结晶。

5.3　异速比对 6016 铝合金铸轧板冷轧和退火织构的影响

5.3.1　板材轧制后的织构分析

三种轧制板材的宏观织构如图 5-11 所示，织构的取向密度如表 5-1 所示。检测结果表明，样品变形结束后均形成轧制织构 C、S 和 B，且织构取向密度随着异速比的增加而增加。在平面压缩应变条件下，晶粒取向沿 β 取向线转变，形成从 C 经过 S 到 B 取向的织构通道，即极图中的“唇形”取向密度分布图。同时，非对称轧制引入剪切织构{111}//ND，随着异速比从 1.4 增加到 1.8，其取向密度从 3.2 提高至 7.3。当引入剪切变形时，晶粒取向绕 TD 方向旋转至剪切织构取向位置，结合道次间绕 RD 旋转 180°的轧制方式，板材变形结束后形成理想的剪切织构，该结果与图 4-20(g)至图 4-20(i)结果相符。

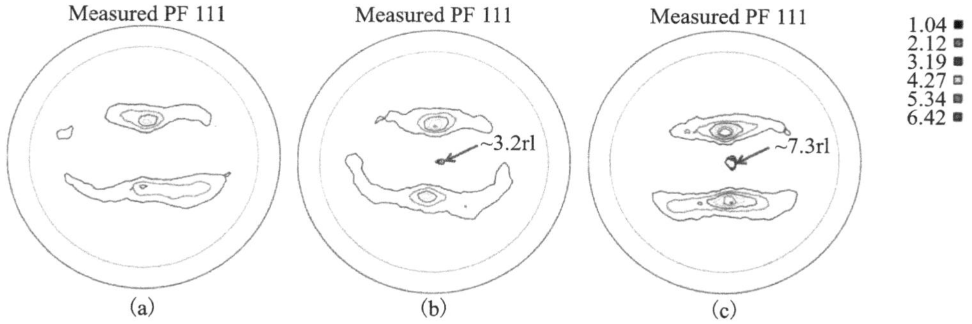

图 5-11 宏观织构{111}极图

(a)对称轧制板材 SR；(b)非对称轧制板材 ASR-A；(c)非对称轧制板材 ASR-B

表 5-1 样品轧制织构和剪切织构密度峰值

样品	Copper(C)	S	Brass(B)	{111}//ND
SR	4.27	4.31	7.35	0.84
ASR-A	4.31	4.41	7.61	3.20
ASR-B	4.50	4.52	14.21	7.30

5.3.2 板材在退火过程中的织构演变研究

(1)再结晶形核取向分析

板材部分再结晶退火后，织构组分分别用不同的颜色表示，如图 5-12 所示。不同织构的面积占比统计如图 5-13 所示。结果表明异速比对再结晶形核阶段的织构影响显著。对称轧制板材在再结晶初期主要形成 Cube 织构，面积占比约为 6.2%，形成原因主要是三点：①最大能量释放理论：对于 FCC 铝合金而言，<100>方向的弹性模量最小，释放的能量最多。铝合金在变形后的位错泊氏矢量方向呈现沿<110>相互垂直的特征，在退火时转变为<100>。换言之，C 织构和 S 织构在退火时的位错运动就是沿<100>方向的重新排布，最终促使 Cube 织构形成[170]。②取向形核理论：在平面压缩变形后，基体内形成具有较大取向差的Cube过渡带。同时，该过渡带与S取向带相邻，位向关系呈现40°<111>，该特殊位向关系促进了Cube取向形核[38]。该分析与3.2.3节的研究结果相符合，即变形结束后存留的Cube织构显著影响板材的再结晶织构组态。③微观选择性生长机制：对于Cube取向的亚晶或亚结构，其位错属于正交泊氏矢量，该类型的位错在退火时迅速湮灭，具有较高的回复速率[32,38]。同时，Cube亚晶具有较大的尺寸，第二相粒子对其阻碍作用较弱。综上所述，由于Cube取向晶粒具有的优先形核长大优势，促使其具有较高的面积占比。

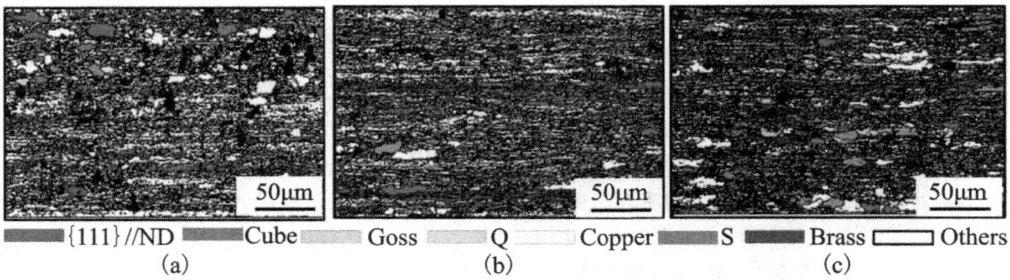

图5-12　板材部分再结晶织构分布

(a)对称轧制板材SR；(b)非对称轧制板材ASR-A；(c)非对称轧制板材ASR-B

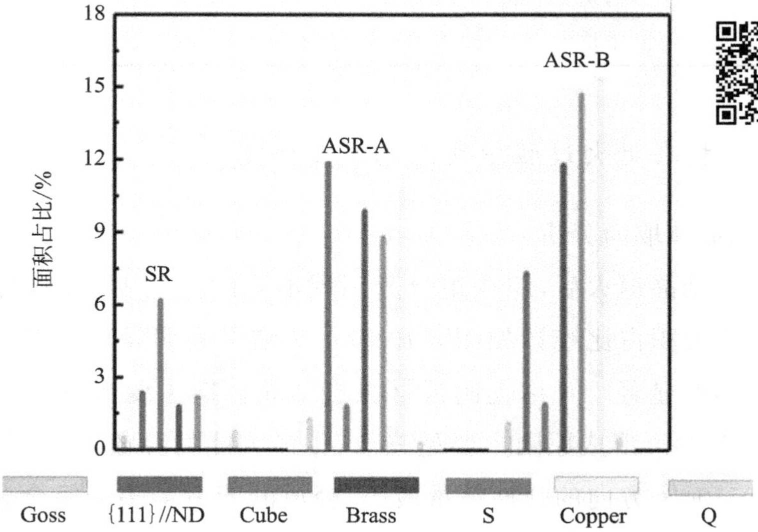

图5-13　部分再结晶板材织构面积占比统计图

对于非对称轧制板材，剪切织构{111}//ND(以红色表示)和轧制织构

(以黄色和橙色表示)呈现出细带状分布特征。部分再结晶退火后,剪切织构{111}//ND得以强化,而Cube织构被削弱,如图5-13所示。主要原因有以下两点:①剪切应变引入非正交泊氏矢量位错,使得Cube取向亚晶的回复速率降低,其形核优势被减弱。②变形时,剪切织构$(111)[\bar{1}\bar{1}2]$启动的滑移系是$(111)[0\bar{1}1]$和$(111)[\bar{1}01]$[72],这两个滑移系滑移面平行,滑移方向相反,如图5-14所示。完成非对称轧制后,板材主要以F剪切织构为主,具有该取向的晶粒在再结晶退火时,该滑移系产生的位错快速湮灭,完成亚晶形核及粗化。因此,{111}//ND取向亚晶具有形核优势。

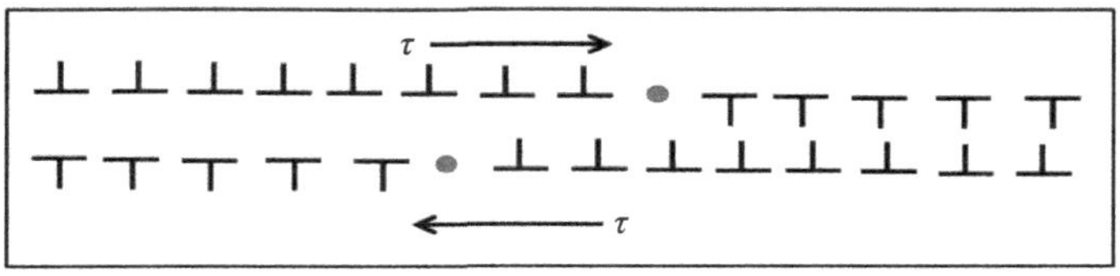

图 5-14　剪切应变形成的共面且方向相反的位错运动示意图

(2)再结晶织构分析

板材完全再结晶的织构组分如图5-15所示。不同织构的面积占比统计如图5-16所示。对称轧制板材完全再结晶后Cube织构的面积占比达13.5%。形成该现象的主要原因是:变形结束后存留的Cube织构,如图3-8所示,在再结晶初期,形成大量Cube取向晶核,如图5-12(a)所示,同时,这些晶核与变形区呈现40°<111>位向关系[35,38]。因此,随着退火时间的增加,Cube取向晶核优先长大,并成为主要再结晶织构。随着异速比的增加,如图5-12(b)和图5-12(c)所示,剪切织构{111}//ND从5.9%经11.8%增加至14.1%,而Cube织构从13.8%降低至5.3%。引起该现象的原因主要有以下三点:①非对称轧制引入的剪切应变对Cube带的作用比较复杂,Cube取向为亚稳取向,剪切应变导致Cube-S晶界减少。因此,Cube取向的形核和长大的优势均被削弱,Cube组分含量降低。②位于γ取向线的{111}<112>织构被证明是稳定取向(详细分析见4.4.3节),结合$(111)[0\bar{1}1]$和$(111)[\bar{1}01]$滑移系的共向特征,退火时位错湮灭速率快,亚晶得以迅速长大,使得剪切织构{111}//ND具有优先形核和长大优势。③再结晶退火时,变形织构与退火织构具有绕<110>的位向关系,即经<110>晶轴旋转,变形织构可以转化为退火织构。经计算，C与{111}<112>呈现19.7°[110]位向关系，具体分析见5.3.3节。

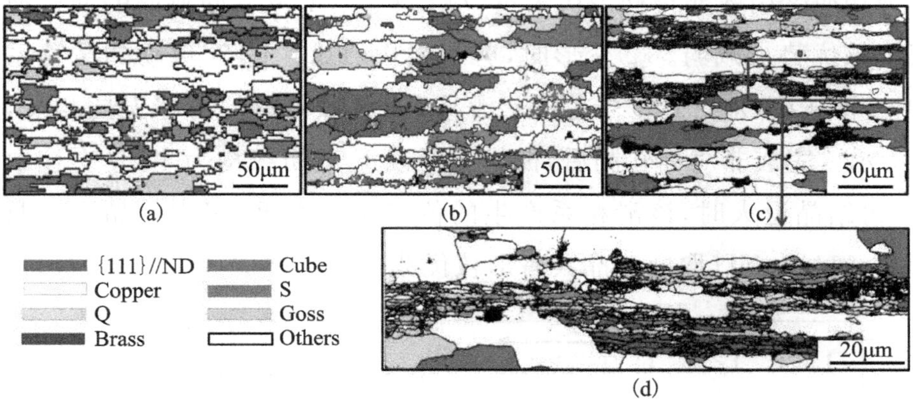

图5-15　板材完全再结晶织构分布

(a)对称轧制板材SR；(b)非对称轧制板材ASR-A；(c)非对称轧制板材ASR-B；(d)(c)局部区域放大图

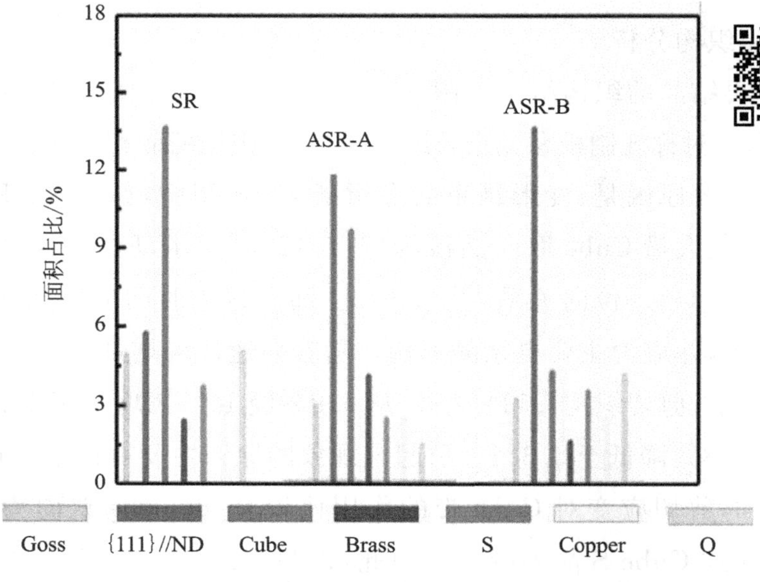

图5-16　完全再结晶板材织构面积占比统计图

当异速比为1.8时，非对称轧制板材产生的连续再结晶区域放大图如图5-15(d)所示。沿着轧制方向的{111}//ND剪切织构(红色)，Goss织构(绿色)以及部分Q织构(淡蓝色)组成连续再结晶区域的主体织构。非对称轧制引入的剪切变形使得板材局部形成剪切带，剪切带促进了Goss织构和

Q 织构的发展。对于 Goss 织构，由于 Goss 与 B 呈 40°<111>位向关系，再结晶发生时 B 转为 Goss，提高了 Goss 在该区域的占比。对于 Q 织构，虽然 Q 与 S/C 呈 40°<111>位向关系，但并不是所有的变形 S(橙色)和 C(黄色)织构全部转为 Q 织构，而是三种取向的晶粒相互交织。对于{111}//ND 织构，板材在退火后保留了轧制态沿轧向分布的{111}//ND 剪切织构，其主要原因是该区域发生优先回复，基体储能降低，难以驱动再结晶；退火时晶界移动遇到取向相近的区域，形成了小角度晶界，引发取向钉扎，减缓了晶界运动；多道次剪切变形引入了饱和的大角度晶界，使得该变形区具有稳定性。因此，强剪切变形形成的亚结构通过连续再结晶机制在退火后保留于基体。

综上所述，非对称轧制板材完全再结晶后具有较大含量的{111}//ND 剪切织构，这些织构一部分通过不连续再结晶发生形核长大，另一部分通过连续再结晶机制保留了变形织构组态。

5.3.3 剪切织构的准原位演变机制研究

由第 4 章研究可知，铸轧板坯非对称轧制后，其剪切织构以 F 织构为主。本节通过准原位 EBSD 表征方法，旨在探明板材纵截面组织及织构随退火时间增加的演变规律。板材同一观察区域在不同退火时间下的组织图和晶界分布图如图 5-17 和图 5-18 所示。当退火时间为 0.3×10^3 s 时，变形组织和再结晶组织共同存在于基体中。这是由于不均匀的初始组织和异步轧制引起的不均匀位错分布和强烈的晶粒取向分散所致。退火时，具有较大位错密度和形核取向优势的区域率先发生位错湮灭，形成再结晶晶核。随着退火时间从 0.3×10^3 s 增加到 6.0×10^3 s，其他变形区被长大的晶核吞噬。变形区的消失意味着由位错缠结形成的亚结构为晶粒的生长提供了动力。因此，代表亚结构的小角度晶界在再结晶完成后被显著弱化。

板材局部取向差随退火时间的增加其分布如图 5-19 所示。随着退火时间的增加，蓝色代表的再结晶晶粒逐步吞噬了绿黄色代表的变形区域。局部取向差(KAM_{av})与位错密度之间的关系可以式(5-1)表示[171]：

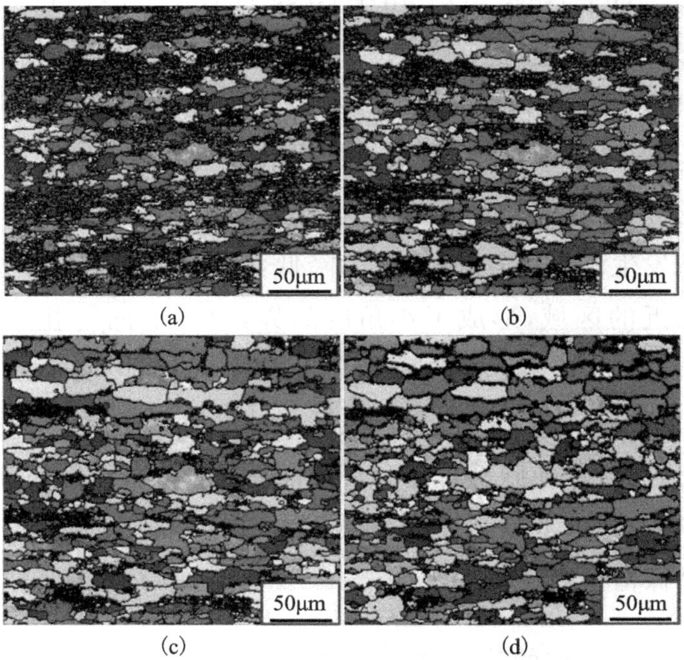

图 5-17　板材的同一区域在不同退火时间条件下的 EBSD 图

(a)0. 3×10^3 s;(b)0. 6×10^3 s;(c)1. 2×10^3 s;(d)6. 0×10^3 s

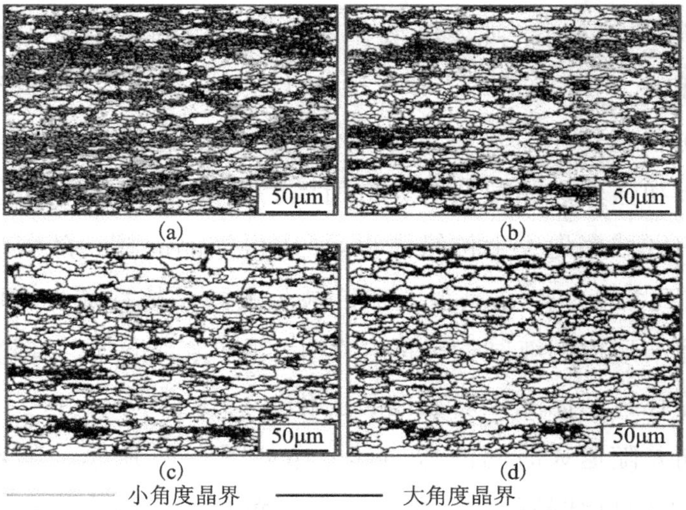

图 5-18　同一板材在不同退火时间条件下的晶界分布图

(a)0. 3×10^3 s;(b)0. 6×10^3 s;(c)1. 2×10^3 s;(d)6×10^3 s

(取向差角度:绿色 2°～15°;黑色＞15°)

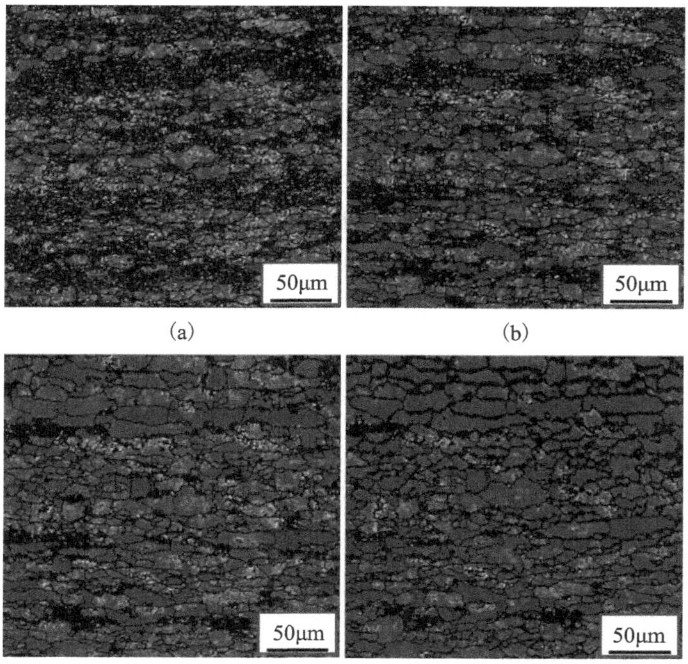

(a) (b) (c) (d)

图 5-19 同一板材在不同退火时间条件下的局部取向差图

(a)0.3×10^3s;(b)0.6×10^3s;(c)1.2×10^3s;(d)6×10^3s

$$\rho = 2KAM_{av}/\mu b \tag{5-1}$$

式中 μ——EBSD 检测时的步长，在原位 EBSD 检测过程中，步长统一设定为 0.5μm；

b——泊氏矢量(0.286nm)。

应力与位错密度之间的关系可用式(5-2)表示[169]：

$$\sigma = c_1 Gb\rho^{1/2} \tag{5-2}$$

式中 c_1——常数 0.5；

G——剪切模量。

联合式(5-1)和式(5-2)，可得 KAM_{av} 与 σ 呈正比。上述两个参数随退火时间的变化趋势如图 5-20(a)所示。板材的硬度、抗拉强度和延伸率随退火时间增加的变化如图 5-20(b)所示。实验结果表明，硬度和抗拉强度的变化趋势相同，即当退火时间达到 0.6×10^3s 时，性能降低的速率较快，当退火时间达到 1.2×10^3s 和 6.0×10^3s 时，性能降低的速率较慢。结合图 5-19 和

图 5-20可知，当退火时间达到 0.6×10^3s 时，板材的变形区域以及位错密度消失的速率较快；当退火时间增加至 1.2×10^3s 和 6.0×10^3s 时，其变形区域以及位错密度消失的速率较慢。该先快后慢的变化速率导致性能与其具有相同的变化规律。然而，延伸率的变化规律正好相反。主要原因是随着退火时间的增加，板材亚结构消失的同时伴随着再结晶晶粒的长大，使得板材的延伸率得以显著提升。因此，退火通过消耗板材的位错，促进了晶粒组织的生长。

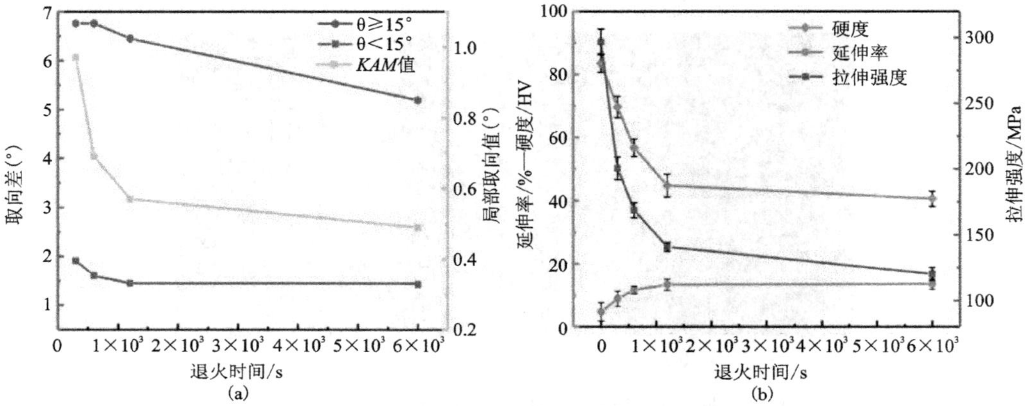

图 5-20　板材性能随退火时间的变化

(a)KAM_{av}和ρ随退火时间增加的变化趋势；(b)板材硬度、抗拉强度和延伸率随退火时间的变化

随着退火时间的增加，板材的织构如图 5-21 所示，对应的面积占比统计如图 5-22 所示。准原位 EBSD 检测主要目的是探明织构随退火时间增加的演变规律。当退火时间为 0.3×10^3s 时，大量具有 F 取向的细晶产生，其面积占比达到 5.9%，远高于 Cube 取向晶粒的面积占比(2.3%)。随着退火时间增加到 1.2×10^3s 时，F 取向晶粒的面积占比稳定增加到 8.1%。同时，当退火时间累积到 6×10^3s 时，Cube 取向晶粒和 Q 取向晶粒的面积占比分别增加到 4.9%和 4.8%，而轧制变形 B、C 和 S 取向晶粒面积占比均有微小的增加。检测结果表明，再结晶完全后，F 织构取代 Cube 织构成为异步轧制板材主要的再结晶织构。通常认为再结晶过程中 Cube 取向晶粒具有形核和长大的优势，板材的终态织构以 Cube 为主。诸多再结晶织构形成理论都是围绕 Cube 织构的演变而提出的，例如：最大能量释放理论；微区选择生长理论；40°<111>的选择性生长理论等。然而，这些理论成立的重要前提是：变形过程

中形成了以正交泊氏矢量为主的位错。根据5.3节的结论，非对称轧制引入的是非正交的泊氏矢量，这直接导致Cube取向晶粒的生长优势被削弱，F剪切织构被强化。

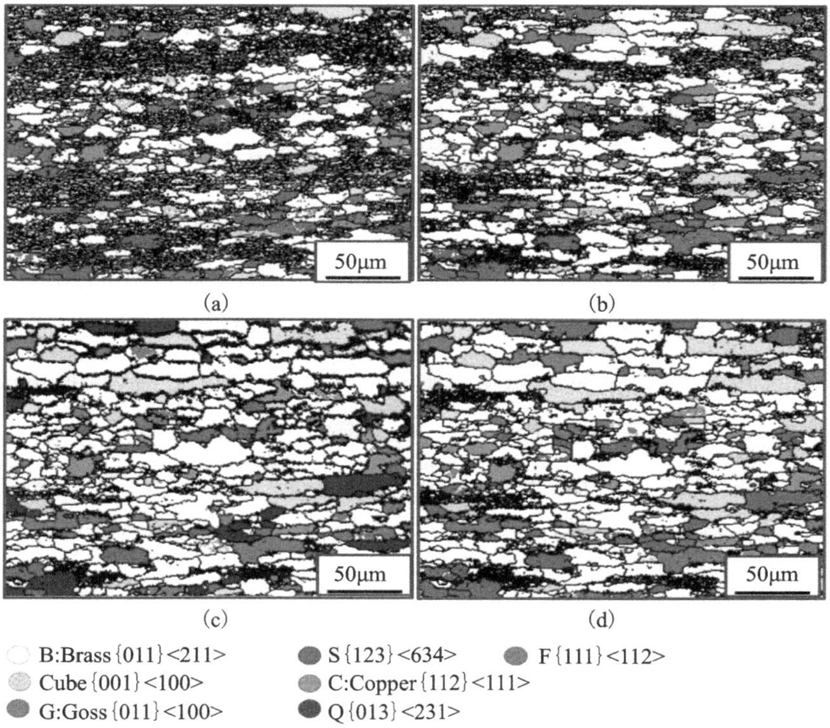

图5-21　同一板材在不同退火时间条件下的织构图

(a)0.3×10^3 s;(b)0.6×10^3 s;(c)1.2×10^3 s;(d)6×10^3 s

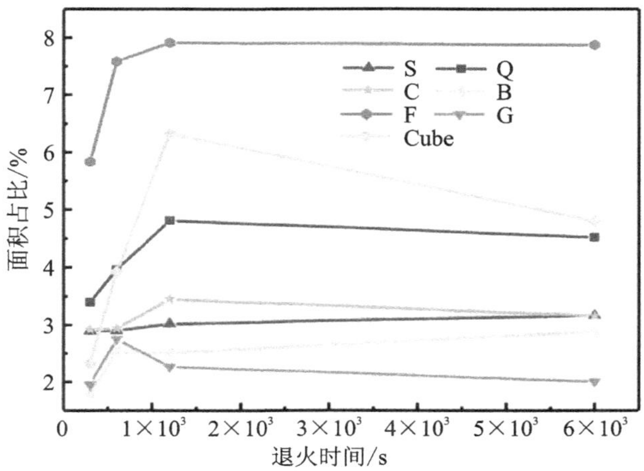

图5-22　织构面积占比随退火时间的变化

取向晶粒的局部织构放大图如图 5-23 所示。在再结晶的初始阶段，即退火时间为 0.3×10^3s 时，具有 F 取向的变形区域优先完成亚晶的粗化。其原因是变形过程中，产生 F 织构启动的滑移系是(111)[01$\bar{1}$]和(111)[$\bar{1}$01]，这两种滑移系的滑移平面相互平行，且方向相反[72]。位错的这种特征使其在退火时率先发生回复，迅速产生大量的 F 取向晶核/晶粒。随着退火时间的增加，变形区的消耗伴随着晶界的迁移，最终使得 F 取向晶粒长大。从图 5-23(a)中可以观察到，C 取向晶粒和 F 取向晶粒相邻。随着退火时间从 0.3×10^3s 增加到 1.2×10^3s 时，C 取向晶粒逐步被 F 取向晶粒吞噬。有研究表明，基于 Cube 和 S 特殊的 40°<111>空间取向关系，S 在再结晶时优先转变为 Cube 织构。因此，F 织构和变形织构之间的空间取向关系需要明确。如图 5-24 所示，C 取向和 F 取向呈现绕[$\bar{1}$10]旋转 19.7°的位向关系，G 取向和 F 取向呈现绕[$\bar{1}$10]旋转 35.3°的位向关系，S 取向和 F 取向呈现近似绕[$\bar{1}$00]旋转 29.6°的位向关系，B 取向和 F 取向呈现近似绕[$\bar{1}$00]旋转 43°的位向关系。相关研究表明，退火时，当变形织构与退火织构呈<110>旋转关系时，会优先发生转变[172]。因此，Goss 和 C 取向晶粒均可转变为 F 织构，而本研究只发现 C 取向向 F 取向转变，Goss 取向向 F 取向转变暂未发现，还需继续深入研究。综上所述，再结晶退火时，F 取向晶粒通过消耗变形区和 C 取向晶粒长大。

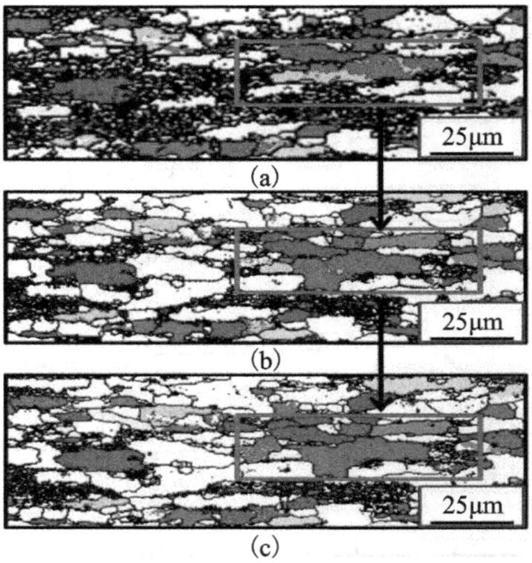

图 5-23　图 5-21 方框内的织构局部放大图

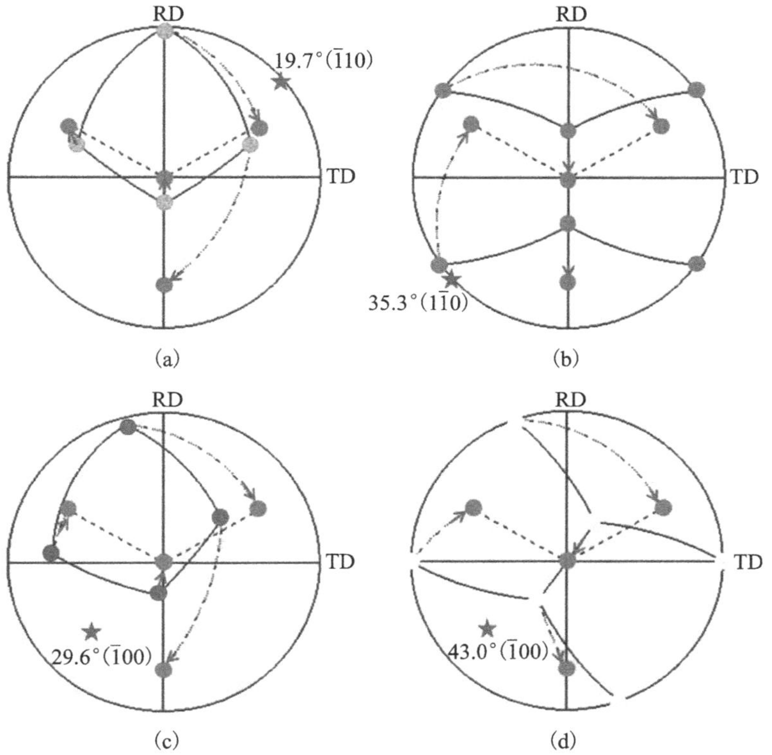

图 5-24 变形织构转变到F织构在{111}极图的示意图

(a)C织构转到F织构;(b)G织构转到F织构;(c)S织构转到F织构;(d)B织构转到F织构

5.4 异速比对6016铝合金铸轧板性能的影响

板材再结晶完成后与轧向呈0°、45°和90°的三向力学性能如图5-25所示。非对称轧制板材的抗拉强度和屈服强度略微高于对称轧制板材。但是，非对称轧制板材的延伸率明显高于对称轧制板材。提高板材延伸率的主要原因是随着异速比的增加，板材的整体晶粒尺寸得以细化。

板材的三向 r 值如图5-25(d)所示，随着异速比从1增加至1.8，板材的 $\bar{r}$ 值从0.40提高至0.56，Δr 均为0.02，非对称轧制板材呈现出较好的成形性。对于铝合金板材，晶体学织构决定其深冲性能，对称轧制变形织构产生45°制耳；再结晶后，Cube和Goss织构产生沿轧制方向呈0°和90°的制耳；如果再结晶织构包含Cube和R织构，会产生沿0°、45°和90°方向共8个制耳。因此，传统调控板材深冲性能主要协调变形织构和再结晶织构。然而，{111}//ND有助于提升板材平行于板面法向的平面各向性能。非对称轧制板材变形后形成沿厚度方向分布的强剪切织构{111}//ND，退火时该织构具有形核长大的优势。完全再结晶后，基体内部的剪切织构{111}//ND占比达到最大，而不利于板材成形性的Cube织构降到最低。同时，连续再结晶的发生保留了变形剪切织构并使细晶强化。因此，通过非对称轧制引入强剪切变形，促进了剪切织构的形成并细化了晶粒尺寸，显著提高了板材的成形性能和力学性能。

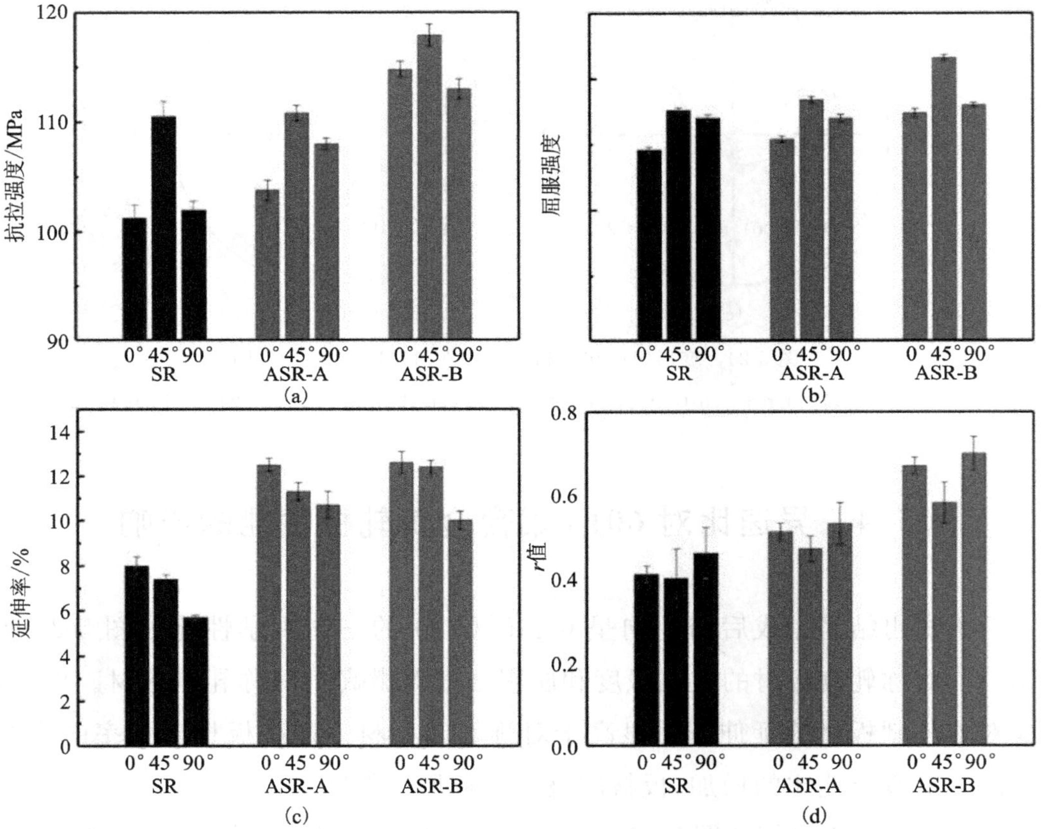

图 5-25　完全再结晶后板材沿 0°、45°和 90°的性能值

(a)抗拉强度(*UTS*)；(b)屈服强度(*YS*)；(c)延伸率；(d)*r* 值

板材的三向断口形貌图如图 5-26 所示。板材对称轧制后，出现大量的撕裂楞，且韧窝密度小。非对称轧制板材出现大量的韧窝，撕裂楞占比较小。

以 1.8 的异速比多道次轧制板材，基体的晶粒被细化，同时发生连续再结晶，形成细晶带并以交叉状沿板厚度方向分布。当韧性断裂延伸到细晶带附近时，裂纹立即沿着细小晶粒扩展。细晶引起的断裂韧窝在拉伸时可以吸收外界施加的能量，进而提高板材的延伸率。因此，非对称轧制后的板材延伸率较高。

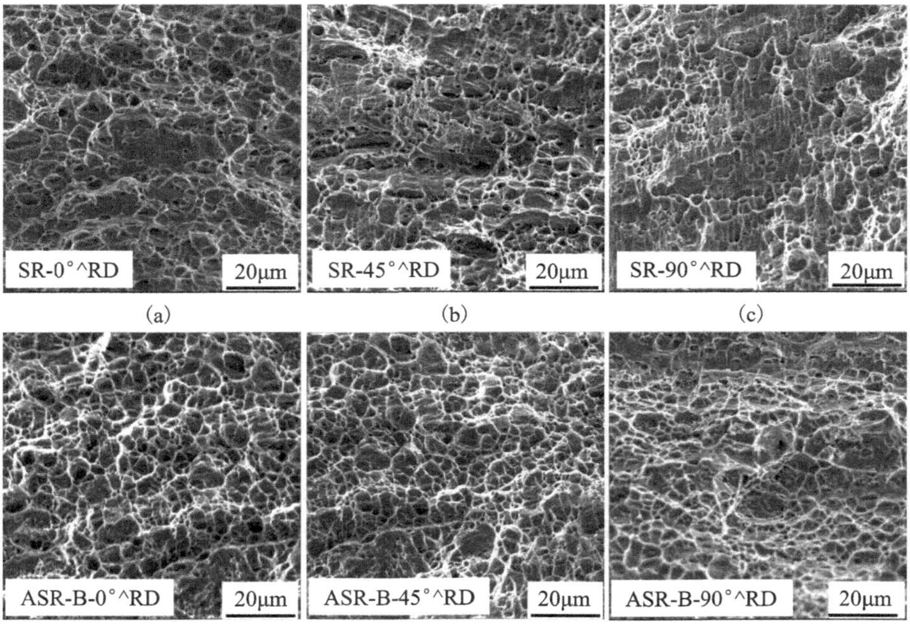

(a)　(b)　(c)　(d)　(e)　(f)

图 5-26　板材三向断口形貌图

(a)～(c)对称轧制；(d)～(f)异速比 1.8 的非对称轧制

5.5　非对称轧制铸轧板热处理后的组织及性能研究

上述研究表明，采用异速比 1.8、道次压下量 0.2mm 和道次间绕 RD 旋转 180°的轧制方式非对称轧制铸轧板至 1mm，随后进行 330℃×60min 再结晶退火，板材的再结晶组织晶粒尺寸比对称轧制板材的细小，同时，对板材成形性能不利的 Cube 织构被抑制，并形成较大面积占比且有利于板材成形性能的剪切织构{111}//ND。本节将该非对称轧制板材进行固溶并水冷处理，根据 3.5 节的研究结果确定板材的固溶工艺为 550℃×30min。热处理后的板材在室温停放两周，然后进行 185℃×20min 烤漆处理，展开板材的微观组织及成形性能和烤漆硬化性能的研究。

5.5.1　固溶处理板材组织表征及分析

板材固溶处理后的微观组织、局部取向差和织构分布如图 5-27 所示。对应的晶粒取向差和局部取向差分布如图 5-28 所示。经过固溶处理后，变形态板材发生完全再结晶，如图 5-27(a)和图 5-27(d)所示。根据 5.2 节研究可知，以异速比 1.8 轧后的板材，在 330℃退火发生连续再结晶。然而，板材经 550℃×30min 固溶处理后，基体呈现的全部是不连续再结晶组织。固溶处理时，基体内的 MgSi 相开始回溶，形成过饱和固溶体，导致第二相对晶界的钉扎作用降低。同时，高温使得原子的扩散速度加快，增加了位错的攀移速率，促进位错湮灭，使基体内的小角度晶界快速迁移，基体储能得以充分释放。因此，基体主要呈现不连续再结晶组织。

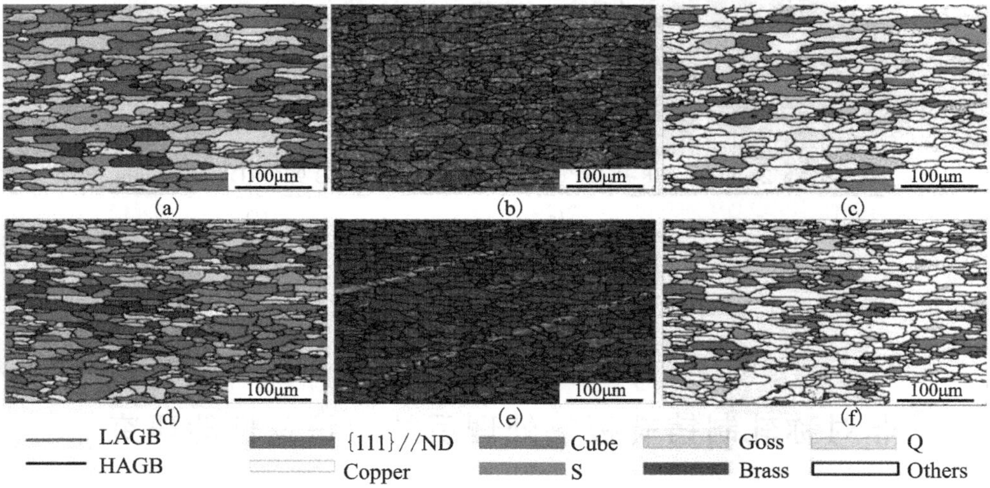

图 5-27　板材固溶处理后的 EBSD 图、局部取向差图和织构分布图

(a)～(c)对称轧制 SR；(d)～(f)非对称轧制板材 ASR

对称轧制板材固溶处理后晶粒尺寸约为 40.31μm，非对称轧制板材的晶粒尺寸约为 23.00μm。异速比引入的剪切变形对晶粒产生的破碎作用遗传至后续热处理过程中，促进了晶粒细化。同时，经统计，非对称轧制板材的 *CV* 值为 1.18，与对称轧制板材（*CV* 值为 2.10）和预回复优化处理的对称轧

制板材（CV 值为 1.34）相比，同时结合 1.3.2 节和 1.5 节的论述可知，板材在经过非对称轧制后，由于轧制时每道次间对板材进行翻面处理，使得上下板面均受到强烈的剪切作用，在后续固溶处理时，形成了细小且均匀性较好的晶粒组织。因此，针对非对称轧制板材，本书未展开预回复工艺的研究。

分析板材的晶粒取向差，如图 5-28（a）和图 5-28（c）所示，对称轧制板材的平均取向差为 25.72°，非对称轧制板材的平均取向差为 34.66°。分析板材的局部取向差，如图 5-27（b）和图 5-27（e）及图 5-28（b）和图 5-28（d）所示，对称轧制板材平均局部取向差为 0.53°，而非对称轧制板材平均局部取向差为 0.42°。对称轧制板材的局部取向差较大，说明基体残留的位错密度较高，位错形成的亚结构没有完全被再结晶晶粒吞噬，保留了部分小角度晶界，因此，对应的平均取向差较小。而对于非对称轧制板材，局部取向差较小，对应的

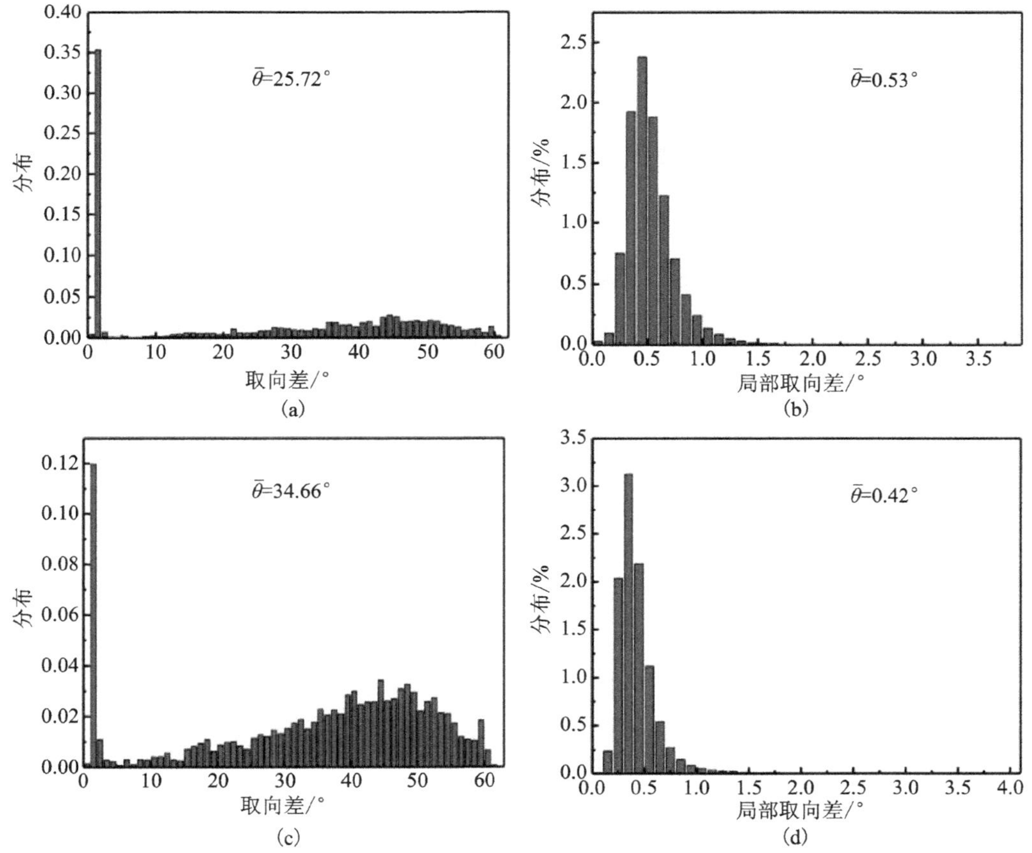

图 5-28　板材固溶处理后的晶粒取向差和局部取向差分布

（a）、（b）对称轧制 SR；（c）、（d）非对称轧制板材 ASR

平均取向差较大。在平面压缩变形条件下，Taylor 模型预测的(100)[011]取向晶粒在变形时启动的是两个滑移平面，这两个平面上的滑移系均有效，形成共面滑移。滑移在这两个面上的比例各占 50%，能够产生两组沿滑移面的位错。当在平面压缩应变条件下引入剪切应变时($\varepsilon_{13}>0.35\varepsilon_{11}$)，必须激活其他两个滑移系才能实现应变协调。这两个滑移系统包含两个新的滑移面以及相同的滑移方向，形成共向滑移。这两个滑移系统只产生剪切应变，对平面压缩应变无影响。基于上述理论研究，由于板材初始织构以 R-Cube 为主，在非对称轧制板材时，通过剪切应变引入额外的滑移系，变形后板材整体的位错密度比对称轧制板材要高。高位错密度板材在固溶处理时，释放出较大的驱动力促使其发生再结晶形核长大。在相同的保温时间内，再结晶进行得较充分，局部位错密度降到最低，基体取向差达到最大。

固溶处理后板材的织构如图 5-27 所示。各织构组分的面积占比如表 5-2 所示。对称轧制板材主要的再结晶织构为 Cube 织构，而非对称轧制板材的主要再结晶织构为{111}//ND。由此可知，板材固溶处理后，非对称轧制板材的剪切织构{111}//ND 被强化，Cube 织构被削弱，该结论与 5.3.2 节的结论一致。

表 5-2　板材工程化固溶处理后织构面积占比(%)

织构组分	{111}//ND	Cube	Goss	Q
SR	6.38	9.16	2.17	3.40
ASR	14.10	5.23	2.41	5.47

5.5.2　板材性能检测及分析

(1) 自然时效效应与烤漆硬化效应

板材在经过固溶处理后，自然时效两周并烤漆处理，其硬度变化如图 5-29 所示。在自然时效初期，板材的硬度值增长速率较快，随着时间的延长，硬度值增长速率变慢，两周后，趋于稳定。分析表 5-3，对于对称轧制样品，室温停放两周后，板材的硬度从 75HV 增加到 86.1HV，增大了 11.1HV，烤漆处理后，硬度值反而下降到 85.7HV，硬度差值为 −0.4HV，出现烤漆软化效应。

非对称轧制样品，在自然时效两周后硬度从 70.8HV 增加到 83.2HV，增大了 12.4HV，烤漆处理后，硬度提升至 86.5HV，硬度差值为 3.3HV，烤漆强化性能较弱。上述实验结果表明，两种板材的自然时效效应均比较明显，同时，板材的烤漆硬化性能较差。

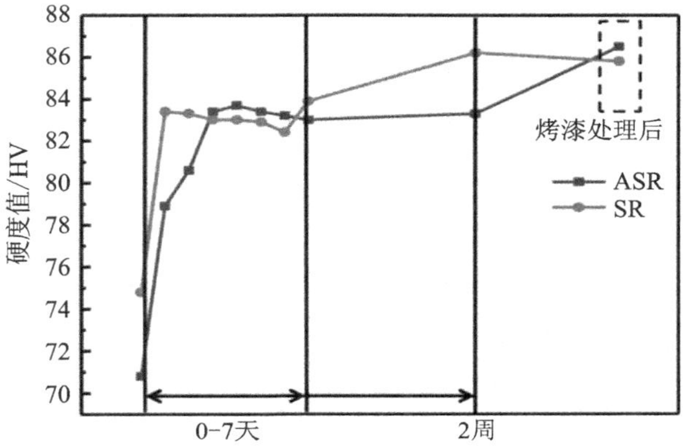

图 5-29 板材自然时效-烤漆处理硬度变化

表 5-3 固溶水淬处理后板材自然时效两周前后以及烤漆后的硬度值

样品	自然时效前硬度（HV_1）	自然时效后硬度（HV_2）	自然时效效应 $\Delta HV = HV_2 - HV_1$	烤漆后硬度（HV_3）	烤漆效应 $\Delta HV = HV_3 - HV_2$
SR	75.0	86.1	11.1	85.7	−0.4
ASR	70.8	83.2	12.4	86.5	3.3

（2）成形性能与烤漆硬化性能

分析表 5-4，板材固溶水淬处理后自然时效两周，对称轧制板材的 $\bar{r}$ 值为 0.39，Δr 值为 0.10；非对称轧制板材的 $\bar{r}$ 值为 0.98，Δr 值为 0.045。非对称轧制板材在固溶处理后其剪切织构被强化，同时 Cube 织构被弱化，使得板材具有优异的成形性能。此外，烤漆处理前后，两种轧制板材的屈服强度波动较小，其中非对称轧制板材在与轧制方向呈 45°和垂直于轧制方向的屈服强度差值（$\Delta\sigma_s$）为负数，结合 5.5.2 节的实验结果表明，板材的烤漆硬化性能较差。该现象与 3.3.2 的实验结果相似。

表 5-4　固溶水淬处理后经两周自然时效，板材烤漆前后的屈服强度及差值、三向 r 值、$\bar{r}$ 值和 Δr 值

样品	拉伸方向	屈服强度 YS/MPa	$\Delta\sigma_s$	r 值	$\bar{r}$	Δr
SR	RD	143.5/146.6	3.1	0.45	0.39	0.10
	45°	139.6/139.7	0.1	0.34		
	TD	144.5/144.5	0	0.43		
ASR	RD	150.3/153.4	3.1	0.95	0.98	0.045
	45°	150.3/149.4	−0.9	1.0		
	TD	146.9/144.0	−2.9	0.97		

综上所述，非对称轧制板材的 $\bar{r}$ 值(0.98)比传统热轧法生产的板材 $\bar{r}$(0.60～0.80)提升了 22.5%～63.3%，板材烤漆前成形性能得到显著强化。但是，由于自然时效促进了板材固溶时效处理后 GP 区的长大，在烤漆时，一部分团簇回溶，另一部分成为团簇 β′核心，导致烤漆后板材的性能变差，即 ΔHV 和 $\Delta\sigma_s$数值较小甚至出现负值。因此，需要进行预处理调控 MgSi 相的析出，实现板材烤漆性能的提升。

5.6　本章小结

本章利用 X 射线衍射仪、光学显微镜(OM)、TEM 以及 EBSD 等手段，研究了异速比对板材微观组织、织构以及力学性能的影响规律。同时，借助准原位 EBSD 探明了剪切织构 F 的形核-长大机制，得到的主要结论如下：

(1)异速比对板材变形组织和织构的影响显著。随着异速比从 1.0 增加到 1.8，板材微观组织的扭曲程度变得更明显，同时，{111}//ND 剪切织构的取向密度从 0.84 增加到 7.30。在 330℃再结晶退火时，随着异速比从 1.0 增加到 1.8，在形核阶段，晶核数量从 62 增加至 88，晶核尺寸从 9.07μm 增加至 12.00μm；再结晶完成后，晶粒尺寸从 19.50μm 细化至 11.64μm，剪切织构{111}//ND 从 5.9%增加至 14.1%，Cube 织构从 13.5%降低至 5.3%；板材的 $\bar{r}$ 从 0.40 提高至 0.56，Δr 均为 0.02。

(2)当异速比为 1.8 时，剧烈的剪切变形促使板材局部发生连续再结晶，

变形产生的剪切织构在退火后得以保留，形成细晶带并伴随有超细晶。同时，具有F剪切取向的变形区发生不连续再结晶时，在再结晶初期具有形核优势，随退火时间的增加，其面积占比显著增加，其晶粒取向主要通过消耗变形区和Copper取向完成晶核长大。

(3)板材经固溶水淬处理后，对称轧制板材的晶粒尺寸为40.31μm，经非对称轧制后，板材晶粒尺寸为23.00μm，剪切变形对晶粒尺寸的细化效果显著；非对称轧制板材主要再结晶织构组态是：14.10%{111}//ND、5.23%Cube，与对称轧制板材主要再结晶织构组态(6.38%{111}//ND、9.16%Cube)相比，剪切织构得以显著强化，同时削弱了Cube织构。板材的$\bar{r}$从0.39提升至0.98，Δr值从0.10减小至0.04，板材的成形性能显著提升。

(4)对称轧制板材和非对称轧制板材固溶水淬后经直接自然时效两周，均出现显著的自然时效效应，烤漆后，对称轧制板材的硬度差值为−0.4HV，非对称轧制板材的的硬度差值为3.3HV；两种板材烤漆前后的屈服强度差值$\Delta\sigma_s$均较小甚至出现负值，板材的烤漆硬化性能差。

6　热处理调控6016铝合金铸轧板析出相及烤漆硬化性能

基于3.5.2节和5.5.2节的研究，板材固溶水淬后直接自然时效，GP区的析出和长大使得板材的硬度和屈服强度增加；在烤漆时，GP区的溶解或转变为β′核心导致板材烤漆硬化性能差。基于此，根据1.6节的论述，本章通过固溶-淬火后添加预时效处理调控板材的GP区，抑制其自然时效效应的同时提高板材的烤漆硬化性能。

6.1　6016铝合金主强化相的第一性原理计算

MgSi相为6×××系铝合金的主要强化相，其主要析出序列是SSSS(过饱和固溶体)→GP区(球状)→β″(针状)→β′(棒状)→β(片状)。根据1.6.1节的论述，从GP区到β″相转变的过程中Mg和Si原子富集并逐步替换Al原子，随着Mg原子的进一步富集，晶体中的Si原子占比降低，当Mg∶Si=2∶1时，析出相完成了从亚稳相β″到稳定相β的转变。

本书基于量子力学的第一性原理进行计算，对GP区、β″、β′相以及平衡相β的晶体结构和物理性质展开研究，为调控第二相优化板材性能提供理论基础。CASTEP软件包计算得到的GP区、β″相、β′相以及β相晶体结构如图6-1所示。其中温度条件设置为0K，平面波截断能为310eV，第一布里渊区网格设置为9×9×6。计算得出β序列相的点阵参数及相关文献值如表6-1所示。通过第一性原理计算的点阵参数值与文献值误差较小，计算结果可靠。计算获得的β序列相的成分分别是：GP区 Al_2MgSi，β″相 Mg_5Si_6，β′相

Mg_9Si_5 和 β 相 Mg_2Si。

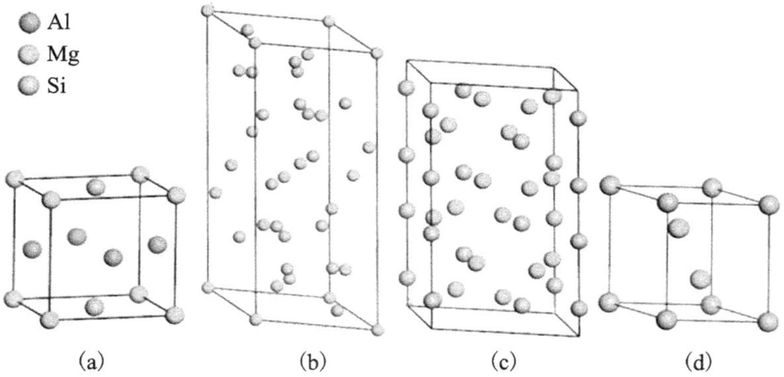

图 6-1　β 序列相的晶体结构模型

(a)GP 区；(b)β″相；(c)β′相；(d)β 相

表 6-1　β 序列相的点阵参数计算值及文献值

β 序列相	空间群	计算值	文献值
GP 区	*P*4	$a=b=4.11, c=4.12$	$a=b=4.01, c=4.25$[173]
β″	*C*2/*m*	$a=15.22, b=3.97, c=7.12$, $\beta=110.38°$	$a=15.13, b=4.05, c=6.96$ $\beta=110°$[173]
β′	*P*63/*m*	$a=b=7.25, c=12.15$	$a=b=7.15, c=12.15$[174]
β	*Fm*3*m*	$a=b=c=6.38$	$a=b=c=6.35$[175]

通过 CASTEP 程序包计算的 β 序列相的弹性常数如表 6-2 所示。通过弹性常数计算析出相的弹性模量。其中体模量(B)表示晶体中各原子之间吸引力的大小，体模量越大，晶体的强度越高；剪切模量(G)表示晶体抗剪切应变的能力；杨氏模量(E)表示晶体沿纵向变形的难易程度。B/G 为体模量和剪切模量的比值，反映物质的强韧性。当比值大于 1.75 时，为韧性相；当比值小于 1.75 时，为脆性相。此外，β 序列相中的 GP 区属于四方晶系，β″相属于单斜晶系，β′相属于六方晶系，β 相属于立方晶系，通过式(6-1)到式(6-4)计算可得其各相的弹性常数满足稳定性条件[176]。

$$立方晶系：C_{11}-C_{12}>0, C_{11}>0, C_{44}>0, C_{11}+2C_{12}>0 \tag{6-1}$$

$$四方晶系：C_{11}>0, C_{33}>0, C_{44}>0, C_{66}>0, (C_{11}-C_{12})>0, (C_{11}+C_{33}-2C_{13})>0 \tag{6-2}$$

$$\text{六方晶系}: C_{44} > 0, C_{11} - C_{12} > 0, (C_{11} + C_{12})C_{33} - 2C_{13}^2 > 0 \quad (6\text{-}3)$$

$$\text{单斜晶系}: C_{11} > 0, C_{22} > 0, C_{33} > 0, C_{44} > 0, C_{55} > 0, C_{66} > 0,$$
$$[C_{11} + C_{22} + C_{33} + 2(C_{12} + C_{13} + C_{23})] > 0, C_{33}C_{55} - C_{35}^2 > 0 \quad (6\text{-}4)$$

β序列相的弹性模量的计算公式如下[176]：

$$B = \frac{1}{9}(C_{11} + C_{22} + C_{33}) + \frac{2}{9}(C_{12} + C_{13} + C_{23}) \quad (6\text{-}5)$$

$$G = \frac{1}{15}(C_{11} + C_{22} + C_{33} - C_{12} - C_{13} - C_{23}) + \frac{1}{5}(C_{44} + C_{55} + C_{66}) \quad (6\text{-}6)$$

$$E = \frac{9GB}{G + 3B} \quad (6\text{-}7)$$

$$v = \frac{1}{2} - \frac{E}{6B} \quad (6\text{-}8)$$

表 6-2　β序列相的弹性常数计算结果

相	C_{11}	C_{12}	C_{13}	C_{22}	C_{23}	C_{33}	C_{35}	C_{44}	C_{55}	C_{66}
GP	84.85	70.69	26.01	84.85	26.01	137.84	0	15.11	15.11	21.18
β″	110.57	31.34	56.62	110.63	49.95	93.46	4.56	21.76	25.69	33.56
β′	114.09	25.82	46.33	114.09	46.33	111.87	0	49.94	49.94	66.14
β	112.43	22.09	22.09	112.43	22.09	112.43	0	43.62	43.62	43.62

β序列相的弹性模量如图 6-2 所示。在 GP 区向β相的转变过程中，β″相的体模量达到峰值，说明β″相可以有效提高材料强度；β′相的剪切模量和杨氏模量达到最大，β′相具有较高的剪切变形抗力；GP 区和β″相的 B/G 分别为 2.71 和 2.34，均大于 1.75，说明这两种析出相为韧性相，延展性能好；β′相和平衡相β的 B/G 比分别为 1.33 和 1.18，均小于 1.75，这两种析出相为脆性相。由β序列相弹性模量的第一性原理计算结果可知，β″相具有强化材料性能的特点。因此，调控β″相成为实现 6016 铸轧板性能强化的重要手段。

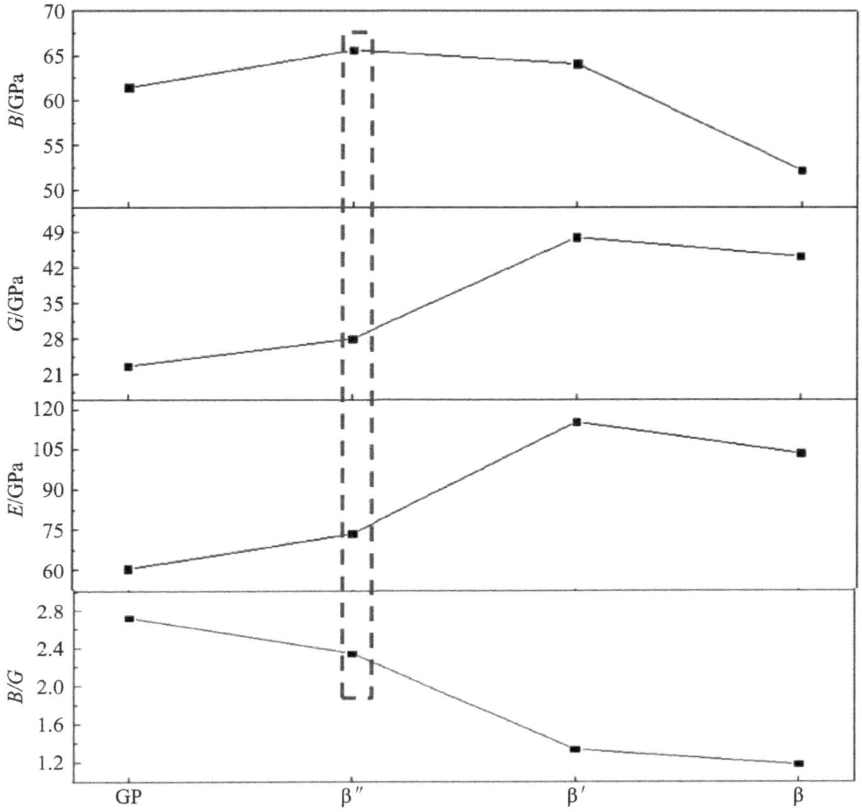

图6-2 β序列相的弹性模量计算结果

6.2 预时效对板材自然时效行为及硬化行为的影响

针对本书研究的对称轧制板材(SR)、预回复优化处理板材(PSR)和非对称轧制板材(ASR),变形后均在550℃×30min条件下完成固溶,随后水淬。基于前期对6016铝合金热轧板预时效处理的研究基础,本书针对上述三种板材,设定其预时效制度为:90℃、100℃、110℃和120℃,分别保温10min、20min、30min、40min、50min和60min,共24种预时效工艺方案。预时效处理的样品在室温条件下放置两周,然后完成185℃×20min的烤漆处理。为了探明不同预时效制度对板材自然时效硬化行为的影响,对所有处理后的样品在不同放置时间下的硬度进行跟踪检测,构建板材硬度与自然时效时间之间的关系。

不同预时效制度下，对称轧制板材的自然时效行为及烤漆硬化行为如图6-3所示。将预时效处理后的样品硬度变化与未预时效样品的硬度进行比较。未经预时效的样品(P1)在自然时效初期，硬度值增长速率较快，随着自然时效时间的延长，其硬度值趋于稳定，两周后硬度值达到76.1HV，与未自然时效的硬度差值为6.1HV，烤漆后的硬度值是78.3HV，烤漆前后硬度差值为2.2HV。由此可知，板材的自然时效效应较为明显，同时，烤漆性能较弱。当预时效温度为90℃时，在自然时效初期，样品的硬度值产生波动，但是其硬度值均小于P1，随着时效时间的延长，硬度值趋于稳定。样品在自然时效两周后的硬度均小于P1，预时效对板材自然时效效应的抑制作用较为明显；烤漆后，板材的硬度明显得以提升，烤漆强化效应显著。从图6-3(a)可知，当预时效制度为90℃×60min，板材烤漆前硬度为65.7HV，与时效初期相比，硬度差值为3.9HV；烤漆后的硬度值增加到87.1HV，硬度差值达21.4HV，预时效对板材的自然时效行为和烤漆硬化行为优化效果显著。在100℃预时效时，其样品的自然时效效应同样受到抑制，并实现烤漆强化，硬度差值在100℃×60min处达最高22.3HV。当预时效温度分别为110℃和120℃时，在不同保温时间条件下，虽然烤漆前后板材的硬度差值最大分别达13.3HV和10.4HV，但是，在这两种预时效温度下，难以实现自然时效效应有效抑制。

综上分析，经过系统研究对称轧制板材在不同预时效制度下的自然时效行为和烤漆硬化行为，结果表明：当板材在90～100℃，保温1h预时效时，可以实现板材自然时效效应的抑制和烤漆硬化性能的强化。同时，板材经上述预时效工艺处理后，在自然时效初期，板材的硬度值增加了3.9HV，随着自然时效时间的增加，其硬度值保持稳定。该现象表明，基体内的析出相经过3天自然时效达到了相对稳定的状态，使得硬度值不再随时效时间的增加而变化。综上所述，针对对称轧制板材，该研究结果给出了相对较宽的预时效工艺范围，有助于实现其工程化应用。

不同预时效制度下，预回复优化处理的对称轧制板材自然时效行为及烤漆硬化行为如图6-4所示。未经预时效的样品(P2)在自然时效两周后的硬度值为80.5HV，与未自然时效的硬度差值为8.0HV，烤漆后的硬度值为

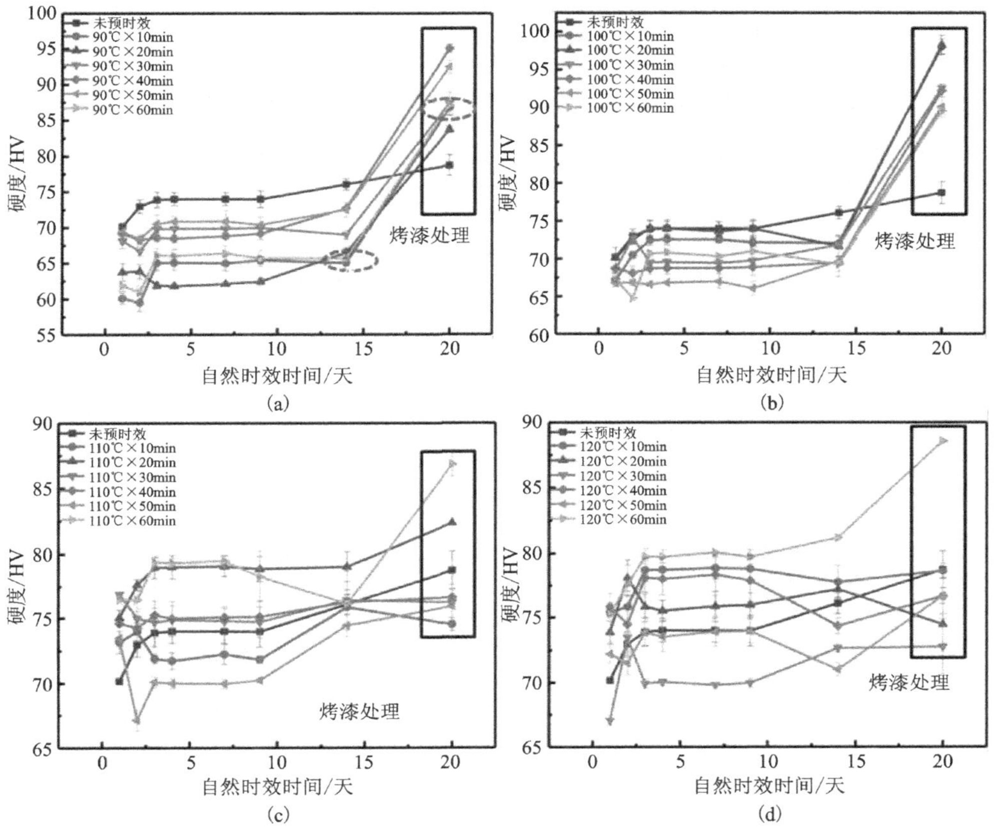

图6-3　不同预时效制度下，对称轧制板材的自然时效行为及烤漆处理

(a)90℃×(10～60)min；(b)100℃×(10～60)min；(c)110℃×(10～60)min；(d)120℃×(10～60)min

77.3HV，烤漆前后的差值为－3.2HV。实验结果表明，没有预处理的样品自然时效效应明显，烤漆后出现软化效应。当预时效温度为90℃时，保温时间在1h内，样品自然时效两周后的硬度值均小于P2，预时效有效抑制了自然时效行为；烤漆后，除10min的样品，其余样品硬度值均增加，实现了烤漆强化。在100℃预时效，且保温时间在1h内时，板材的自然时效效应同样得以抑制；烤漆后，样品均实现了烤漆硬化。从图6-4(b)中可知，在经过100℃×10min预时效处理后，样品在室温放置两周硬度值是65.8HV，与时效初期63.3HV的硬度值差值较小(为2.5HV)；烤漆后，样品的硬度值达86.7HV，烤漆前后的硬度差值为20.9HV。结果表明，该预时效制度对抑制预回复优化处理的对称轧制板材的自然时效行为和提升其烤漆强化效应的效果显著。当预时

效温度分别为110℃和120℃时，时效初期的样品硬度值高于P2，随着时效时间的延长，板材的自然时效效应不仅没有被抑制，反而更加明显；烤漆后，出现明显的软化现象。因此，预回复优化处理的对称轧制板材有效预处理制度为90℃、保温时间大于10min，或者100℃、保温时间在1h以内。

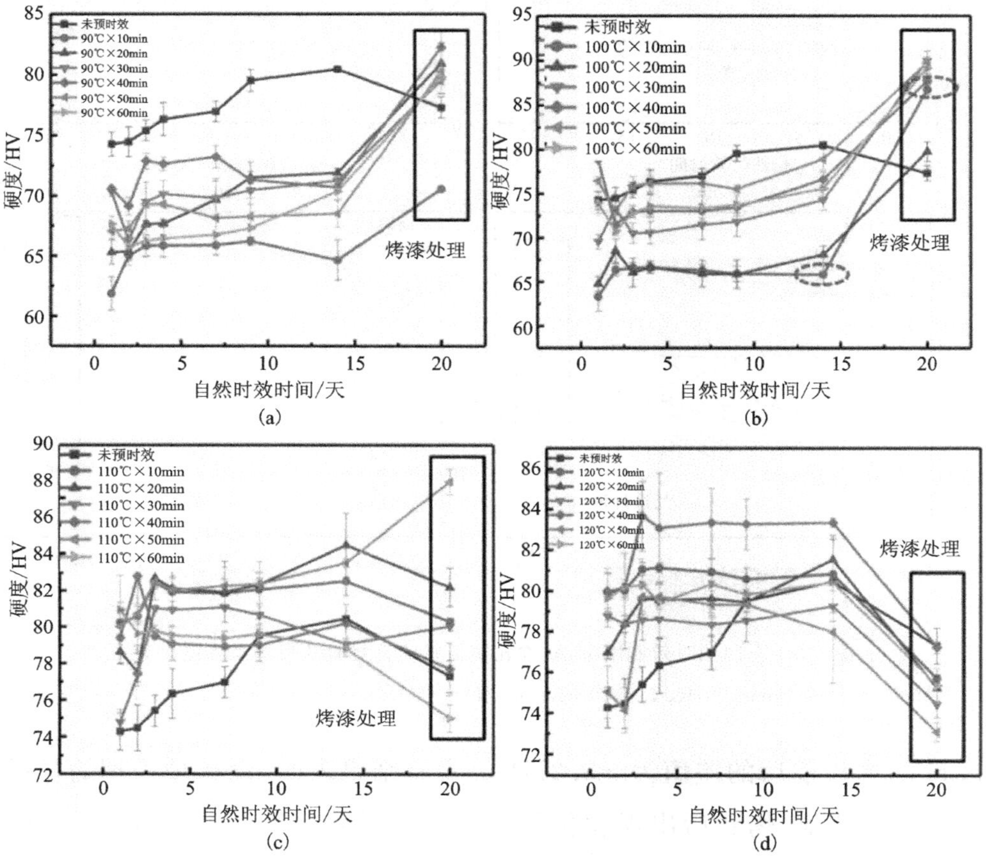

图6-4　不同预时效制度下预回复优化处理板材的自然时效行为及烤漆处理

(a)90℃×(10～60)min;(b)100℃×(10～60)min;(c)110℃×(10～60)min;(d)120℃×(10～60)min

不同预时效制度下，非对称轧制板材自然时效行为及烤漆硬化行为如图6-5所示。未经预时效的样品(P3)在自然时效初期，硬度值快速增加，随着时效时间的延长，样品硬度值趋于平稳。自然时效两周后的硬度值为80.3HV，与未自然时效的硬度差值为9.3HV，烤漆后的硬度值为71.5HV，烤漆前后差值为-8.8HV。实验结果表明，未经预时效的样品出现明显的自然时效效应以及烤漆软化效应。当预时效温度为90℃，保温时间控制在40min以内时，预时效有效抑制了板材的自然时效效应；烤漆后，呈现出明显的烤漆强化。特别是预时效90℃×40min的样品，其自然时效两周后硬度值与自然时效初期的硬度值差为2.1HV，预时效对自然时效效应的抑制作用显著；烤漆后，硬度值为87.5HV，烤漆前后硬度差值为16.2HV，实现了烤漆强化。在100℃预时效，除了保温时间为50min时，样品的自然时效效应被抑制外，其余保温条件下的抑制作用较弱；烤漆后，均表现出强化效应。当预时效温度分别为110℃和120℃时，在1h保温时间内，板材自然时效效应的抑制作用整体偏弱，但是烤漆强化效应均比较明显。在协同考虑抑制板材自然时效效应和实现烤漆强化的条件下，确定非对称轧制板材的预时效工艺为90℃、保温40min以内。

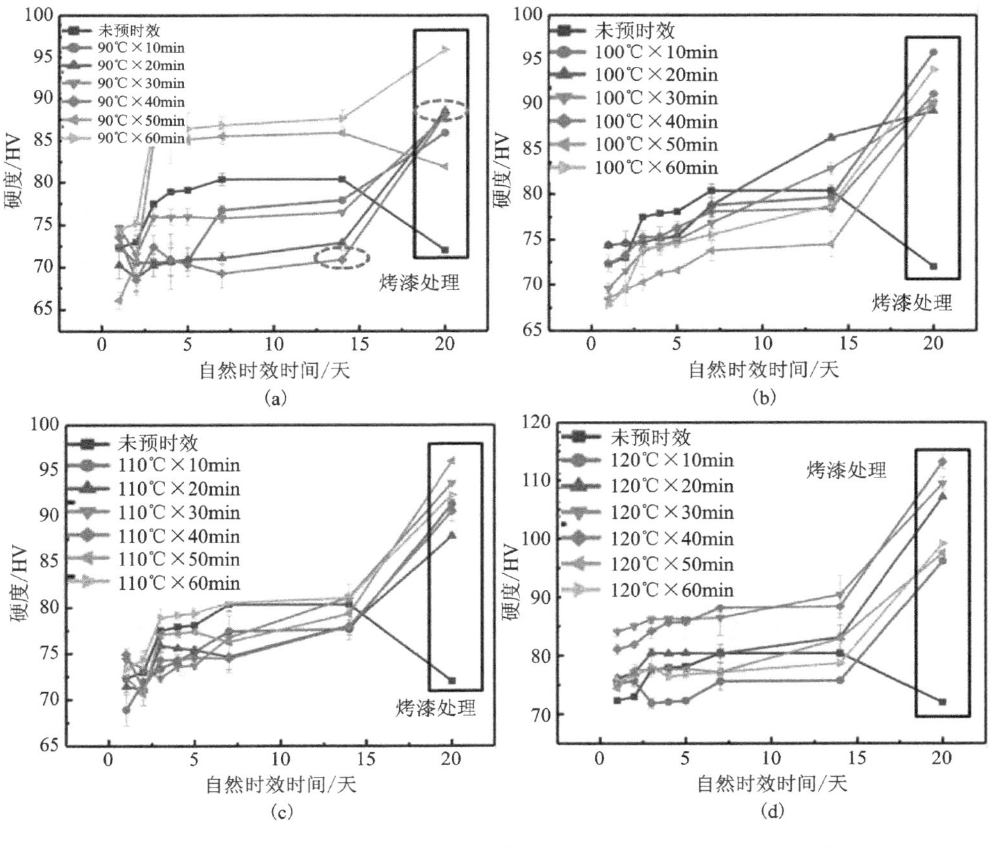

图6-5　不同预时效制度下非对称轧制板材的自然时效行为及烤漆处理

(a)90℃×(10～60)min;(b)100℃×(10～60)min;(c)110℃×(10～60)min;(d)120℃×(10～60)min

根据上述研究，综合比较预时效对对称轧制板材、预回复优化处理板材和非对称轧制板材自然时效行为和烤漆硬化性能的影响规律，可以得知：预时效对板材的自然时效效应和烤漆效应的影响显著，如表 6-3 所示。对于对称轧制板材，无论是否进行预回复优化处理，确定的预时效处理工艺范围均为 90～100℃，保温时间为 1h 以内。该预处理条件下，过饱和基体析出第二相的热力学及动力学行为得以有效调控。针对非对称轧制板材的预时效研究可知，90℃×40min 预处理具有明显的自然时效抑制作用。结合 5.5 节的研究结论，与对称轧制板材相比，在烤漆处理时，由于非对称轧制板材晶粒细小，单位面积上的晶界占比较大，为第二相的析出提供更多了通道。同时，结合前述理论计算所得的 β 序列析出相性能，可以初步确定非对称轧制板材在预时效作用下，促进了大量的 β″相在烤漆阶段的析出，强化了板材的烤漆硬化性能[98,136,177]。

表 6-3　三种板材经过最优预时效处理后、烤漆前后的硬度值及差值

板材	预处理后硬度值(HV_1)	自然时效后硬度(HV_2)	自然时效效应 $\Delta HV=HV_2-HV_1$	烤漆后硬度值(HV_3)	烤漆硬化效应 $\Delta HV=HV_3-HV_2$
PY1	61.8	65.7	3.9	87.1	21.4
PY2	63.3	65.8	2.5	86.7	20.9
PY3	73.4	71.3	−2.1	87.5	16.2

6.3　预时效对板材屈服强度的影响

经过系统研究预时效对板材自然时效行为及烤漆效应的影响规律，确定了本书研究的三种板材[对称轧制板材(P1)、预回复优化处理对称轧制板材(P2)和非对称轧制板材(P3)]各自较佳的预时效工艺，分别为：90℃×60min(PY1)、100℃×10min(PY2)和 90℃×40min(PY3)。

分析表 6-4，板材在经过预时效处理后，烤漆前的屈服强度比未经预时效处理的低，结合板材自然时效后的硬度值(表 6-3)，结果表明添加预时效可以有效抑制自然时效效应。板材冲压前的硬度值和屈服强度的降低有助于其成形性能的提升。预时效处理的板材经过烤漆后，屈服强度值得到显著提升，特别是非对称轧制板材，烤漆前后的屈服强度差值 $\Delta\sigma_s$ 达到100MPa。综上所述，经预时效处理后，板材的烤漆硬化性能得以显著提升。

表6-4 三种板材未经预时效以及经过最优预时效处理后，烤漆前后的屈服强度及差值

样品	拉伸方向	未预时效处理 YS_1/MPa	未预时效处理 $\Delta\sigma_2$/MPa	最佳预时效处理 YS_1/MPa	最佳预时效处理 $\Delta\sigma_2$/MPa
P1/PY1	RD	143.5/146.6	3.1	136.39/180.54	44.15
	45°	139.6/139.7	0.1	131.44/178.02	46.58
	TD	144.5/144.5	0	137.07/173.55	36.48
P2/PY2	RD	154.2/155.5	1.3	124.63/222.37	97.74
	45°	139.9/146.1	6.2	120.46/216.52	96.06
	TD	146.9/144.5	−2.4	119.61/215.30	95.69
P3/PY3	RD	150.3/153.4	3.1	121.95/221.83	99.88
	45°	150.3/149.4	−0.9	119.86/221.83	101.97
	TD	146.9/144.0	−2.9	122.52/224.07	101.55

综合比较预时效处理前后三种板材的硬度差值和屈服强度差值，自然时效效应使得板材的烤漆强化性能变差。预时效工艺的引入解决了抑制自然时效和提高板材硬化效应协同调控的难题。结合板材经最佳预时效处理后的自然时效行为以及烤漆硬化性能，基于6.1节理论计算的结果可以得出结论，预时效通过作用于板材 Mg_2Si 析出相进而影响其性能。

6.4 预时效影响析出相的微观组织表征及分析

由于预时效工艺通过调控析出相影响板材烤漆前后的硬度差值和屈服强度差值，因此，本章采用透射电镜（TEM）和高分辨透射电镜（HRTEM）对P1和PY1，P3和PY3板材烤漆后的析出相进行了表征。透射电镜（TEM）样品从板面（RD-TD）取样，样品制备方法和设备参数如3.1.2节所述，在进行观察时选取的晶带轴为 $[001]_{Al}$。

如图6-6所示，P1和P3板材在烤漆处理后，基体内主要呈现接近球状的析出相，该形貌为棒状析出相的$[001]_{Al}$视图，由此可知，该析出相为β′。结合板材的硬度和屈服强度检测结果可知，β′是导致P1和P3板材烤漆硬化性能差的主要原因。相关研究表明，板材在完成水淬后，基体转变为含有过量Mg和Si原子的过饱和固溶体。由于该固溶体是不稳定的，在自然时效过程中逐步形成Mg-Si原子团簇。这些团簇的形成消耗了大量的淬火空位和Mg、Si原子，在烤漆处理时，较大尺寸的Mg-Si原子团簇形成β′相核心，促使烤漆后形成β′相[20,24,27,29,178]。而β′相与铝基体属于局部共格，在拉伸过程中，由于共格应变场被削弱，β′相对位错的阻碍作用减弱，导致板材烤漆后的性能差。

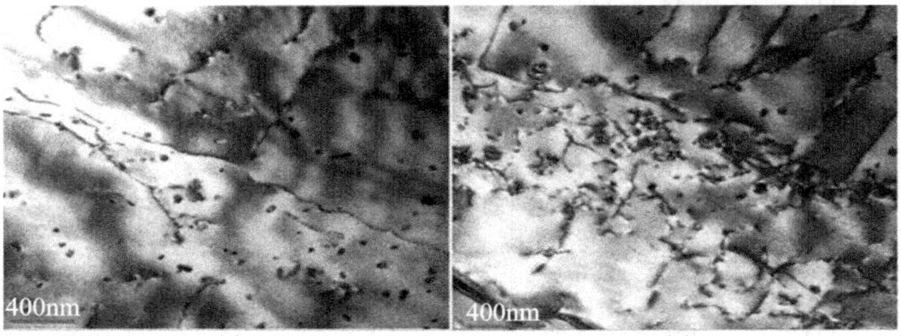

(a) (b)

图6-6　未经预时效处理板材烤漆后TEM图

(a)对称轧制板材；(b)非对称轧制板材

预时效处理的PY1和PY3板材，经过烤漆后其TEM微观形貌如图6-7所示。分析图6-7，可以观察到基体密布着细点状的第二相。结合1.6.2节的论述，Andersen、Xu[179]等人借助高分辨透射电镜，观察到β″相呈现出沿<100>Al方向分布的细针状。由于实验观察时选取的晶带轴方向是$[001]_{Al}$，因此，细点状的第二相为β″相。板材固溶淬火后经预时效处理，促进了Mg-Si原子团簇形成β″相核心，在随后烤漆处理时成长为β″相。该相与基体呈现半共格关系，对位错的阻碍作用较强，使得板材的烤漆硬化性能被强化。

对比分析图6-7(b)和图6-7(e)，在相同的观察区域内，非对称轧制板材的析出相数量明显多于对称轧制板材。在非对称轧制过程中，板材的晶粒组织受到强烈剪切作用，承受的累积应变较大。经过固溶处理后，板材的晶粒组织被细化，如图5-27所示。因此，非对称轧制板材单位面积内的晶界数量较多，进而增加了 β″相的析出通道，结合图 6-7(c)和图 6-7(f)，大量的 β″相使得烤漆后非对称轧制板材的 $\Delta\sigma_s$ 达到 100MPa，其烤漆硬化性能优异。

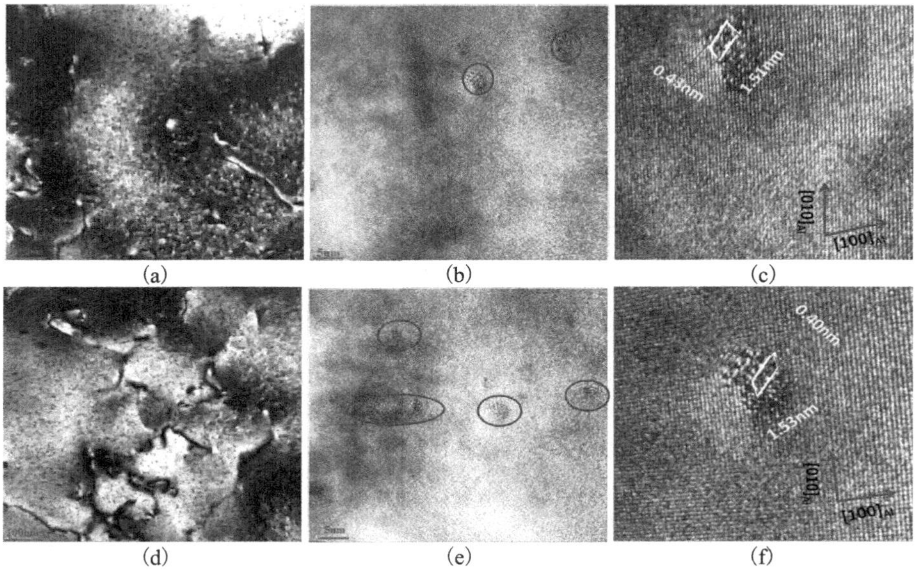

图 6-7　经预时效处理的对称轧制板材和非对称轧制板材在烤漆后的 TEM 图

注：(b)、(c)、(e)、(f)图为析出相 HRTEM 图

(a)～(c)对称轧制板材；(d)～(f)非对称轧制板材

综上所述，对于未预时效的板材，自然时效促进大尺寸 GP 区的形成，烤漆时这些 GP 区成为 β′相核心，烤漆结束后形成大量 β′相，降低了板材的性能。通过添加预时效，促进了 β″相核心的形成，烤漆结束后形成大量 β″相，显著提升了板材的烤漆硬化性能。

6.5　本章小结

本章借助第一性原理，研究了 6×××系板材析出相的物化性质；通过硬度检测和力学性能检测，研究了预时效对板材自然时效行为、烤漆硬化行为以及板材屈服强度的影响。同时，借助 TEM 观察对析出相进行了形貌表征。得到的主要结论如下：

(1)通过第一性原理计算，得出 6×××系铝合金的析出相中 β″相的体模量最大为65GPa，该相可以显著提高材料强度；同时，β″相为韧性相，具有较好的延展性。

（2）通过系统研究预时效工艺对板材自然时效行为和硬化行为的影响，确定了对称轧制板材，预回复优化处理的对称轧制板材以及非对称轧制板材的较优预时效工艺分别是90℃×60min、100℃×10min和90℃×40min。

（3）经预时效处理后，三种板材的自然时效效应被抑制，同时，烤漆前后的硬度差值ΔHV分别达到21.4HV、20.9HV和16.2HV，非对称轧制板材的屈服强度差值$\Delta\sigma_s$最大可达100MPa，板材的烤漆硬化性能得以显著提升。

（4）未经预时处理的板材烤漆后析出相主要是β′相，经预时效处理后，板材烤漆后析出相主要是β″相。非对称轧制板材析出的β″相数量最多，因此，其烤漆硬化性能最佳。

7 铸轧法制造6016铝合金板材的性能评价

针对铸轧法制造的6016铝合金板材，本书在第3章围绕对称轧制板材的组织与织构及成形性展开了研究，通过预回复优化了板材的组织均匀性及织构组态，提高了板材成形性；在第4章和第5章围绕非对称轧制工艺及其对板材组织、织构与成形性的影响展开了研究，通过非对称轧制引入剪切变形，细化晶粒组织的同时强化了{111}面织构，进一步提升了板材成形性能。此外，本书在第6章围绕预时效处理调控析出相展开了研究，实现了板材烤漆硬化性能的提高。基于上述研究，本章通过与热轧法制造的6×××系板材的成形性能和烤漆硬化性能对比，展开铸轧法制造6016铝合金板材成形性能和烤漆硬化性能的评价。

7.1 铸轧法与热轧法制造6016铝板的成形性能评价

7.1.1 热轧法制造6016铝板及成形性能检测

根据1.1.1节的论述，评判板材成形性能的主要指标是$\bar{r}$值。为了更好地评价铸轧法制造6016板材的成形性能，选取实验室热轧法制备的6016板材和工程化制造的6016板材成形性能值作为对比。热轧法制造板材的工艺流程如下：

(1)实验室热轧法制备6016板材

在5kg中频感应炉内进行配料→熔炼→搅拌、静置、扒渣→取样→成分分析→成分调整→静置(720～740℃保温)→浇铸(700℃)，获得的尺寸为

150mm×90mm×70mm(长×宽×高)的铸锭,在545℃×8h制度下完成均热处理,测得的铸锭成分如表7-1所示。铸锭在热轧时,开轧温度为460～480℃,终轧温度为250～300℃;热轧结束后对板材均进行420℃×40min再结晶退火;最后进行对称冷轧,获得厚度为1.0mm的冷轧板材。板材完成540℃×30min固溶处理,水淬,并对板材进行$\bar{r}$值测试。

表7-1　实验室热轧法制备6016铝合金板材的化学成分(质量分数,%)

成分	Si	Fe	Mn	Mg	Al
6016合金	0.91	0.21	0.14	0.67	Bal.

(2)工程化热轧法制造6016板材

在10吨级炉内完成配料→熔炼→搅拌、静置、扒渣→取样→成分分析→成分调整,铸造工艺参数为:铸造温度690℃,铸造速度45mm/min,冷却水温度23℃,流量190t/h,油润滑频率为开2s停3s,结晶器尺寸为440mm×1145mm,铸锭尺寸为3000mm×1120mm×420mm(长×宽×高)。铸锭均热处理的工艺为:炉气温度560℃保温2h,比例降温至530℃保温30h。铸锭成分如表7-2所示。铸锭热轧工艺为:开轧温度460～480℃(炉内测温线500℃开轧),终轧温度250～300℃。热轧结束后对板材进行再结晶退火,其工艺制度为420℃×3h。将热轧板坯从6mm进一步冷轧至1mm。冷轧板在540℃×30min固溶处理,水淬,并对板材进行$\bar{r}$值测试。

表7-2　工程化热轧法制造6016铝合金板材的化学成分(质量分数,%)

成分	Si	Fe	Mn	Mg	Al
6016合金	1.27	0.22	0.028	0.43	Bal.

铸轧法和热轧法制造的板材$\bar{r}$值如表7-3所示。铸轧法制备的板坯经对称轧制后,其板材成形性能较低;经预回复处理后,板材的$\bar{r}$值与热轧法制备的板材$\bar{r}$值基本相同;铸轧板坯经非对称轧制后,板材的$\bar{r}$值达到最高(0.98),其成形性能最佳。

表 7-3　不同制造工艺下 6016 铝板的 $\bar{r}$ 值

制造工艺		$\bar{r}$ 值
铸轧法	对称轧制板材	0.39
	预回复优化处理的对称轧制板材	0.56
	非对称轧制板材	0.98
热轧法	实验室制备的板材	0.56
	工程化制造的板材	0.59

7.1.2　6016 铝合金板的成形性能评价

结合 1.1.3 节的论述，热轧法制造的 6016 铝板固溶处理后，Cube 织构的取向密度最高，如图 1-2 所示，导致板材最终的成形性能(0.56～0.59)远低于 IF 钢 1.39。对于铸轧法制造的 6016 铝合金板材，对称轧制后固溶处理，其成形性能(0.39)低于热轧法制造的板材。引起该现象的主要原因是，热轧法制造的板材经历了热轧-冷轧塑性变形工序，例如，实验室制备板材，整体变形程度达 98.6%，工程化制造板材的整体变形程度达 99.7%。前期研究证实，热轧法制造 6016 铝合金板材的晶粒组织在经过多道次变形后，位错密度沿板厚向的分布趋于均匀，固溶处理后，板材组织均匀性较好[156-158,164]。而铸轧法制造的板材整体变形程度只有 83.3%，同时，6016 铝合金铸轧坯料内部存在明显的宏微观偏析，第二相和织构沿板厚度方向呈梯度分布，板坯的初始组织不均匀。铸轧坯料较小的变形程度以及初始组织不均匀导致轧制及热处理后的 6016 铝合金板材组织/织构不均匀。不均匀的组织增加了板材平面塑性各向异性 Δr 值，使得板材的成形性能较差。

本书在第 3 章针对对称轧制 6016 铝合金铸轧板材，开发了固溶淬火前预回复处理技术。冷轧态板材经 160℃×1h 预回复处理后固溶水淬，与未经预回复处理的板材相比，其再结晶晶粒尺寸从 40.31μm 细化至 29.33μm，再结晶组织离散系数从 2.1 降低至 1.34，再结晶织构组态由 Cube 取向优化为 Goss 和 Brass 织构组态。板材的 Δr 值从 0.10 降低至 0.045，$\bar{r}$ 值从 0.39 提升至 0.56，板材的各向异性被显著降低，提高了其成形性能。板材组织均匀性的提高以及Cube织构的弱化是强化板材成形性能的重要因素。从表7-3中可知，铸轧法制造的6016铝合金板材经预回复优化处理后，其成形性能指标$\bar{r}$值与热轧法制造的6016板材的基本相同。但是，6016铝合金铸轧板坯对称轧制后板材的成形性能依然低于IF钢。因此，本书针对板材织构组态的优化设计展开了进一步的研究。

本书在第4章研究了非对称轧制工艺对板材剪切变形及剪切织构的影响，在第5章研究了剪切织构的再结晶机制及其对板材成形性能的影响。研究表明，非对称轧制板材的$\bar{r}$值为0.98，Δr值为0.045。与对称轧制板材的织构组态相比，其Cube织构从9.16%弱化至5.32%，{111}面剪切织构从6.38%强化至14.10%。由此可知，织构组态的优化是板材成形性能得以提升的重要原因。6016铝合金铸轧板坯经过非对称轧制后，其板材的成形性能$\bar{r}$值约为1.0，实现了铝板成形性能的显著提升。

7.2 铸轧法制造6016铝合金板材烤漆硬化性能评价

本书在第6章完成板铸轧法制造6016铝合金板材的烤漆性能检测。针对7.1.1节实验室制备和工程化制造的6016铝板，前期展开了充分的预处理工艺研究[156,158]，分别获得了较佳预处理制度，如表7-4所示。

铸轧法制造的6016铝合金板材在经对称轧制后，其烤漆硬化性能与IF钢（$\Delta\sigma_s$：40～60MPa）基本接近。当板材经最佳预回复工艺处理后，板材的烤漆硬化性能得以显著提升。与未预回复的对称轧制板材相比，预回复提高了板材的组织均匀性，并细化了晶粒组织，导致板材单位面积的晶界占比增大。板材预时效处理后，在烤漆时晶界为β″相的析出提供了更多的通道，最终提高了板材的烤漆硬化性能。6016铝合金铸轧板坯经非对称轧制后，其晶粒组织同样得以细化，烤漆时，晶界促进大量的β″相析出，板材的烤漆硬化性能更加优异。

虽然铸轧法制造的6016铝合金板材整体变形程度低于热轧法，但是板材在经过最佳预处理工艺后，预回复处理板材和非对称轧制板材其烤漆硬化性能可以达到与热轧法相当的水平，即$\Delta\sigma_s$可以达到100MPa左右，比IF板材的烤漆硬化性能高出 67%～150%。因此，采用铸轧法制造 6016 铝合金板材，同样可以实现汽车车身板烤漆硬化性能的进一步提升。

表 7-4　不同制造工艺下 6016 铝板烤漆强化性能

制造工艺		预处理工艺	ΔHV	拉伸方向	$\Delta\sigma_s$/MPa
铸轧法	对称轧制板材	90℃×60min	21.4	RD	44.2
				45°	46.6
				TD	36.5
	预回复优化处理的对称轧制板材	100℃×10min	20.9	RD	97.7
				45°	96.1
				TD	95.7
	非对称轧制板材	90℃×40min	16.2	RD	99.9
				45°	102.0
				TD	101.6
热轧法	实验室制备的板材	110℃×10min	15.25	RD	95.0
				45°	92.0
				TD	95.0
	工程化制造的板材	100℃×20min	17.33	RD	101.0
				45°	99.0
				TD	102.0

7.3　铸轧法与热轧法制造 6016 铝合金板材工艺对比

根据前述研究，本书采用的铸轧法制造 6016 铝板与热轧法制造 6016 铝板的具体工艺如表 7-5 所示。针对合金成分设计，铸轧法对 Cu 元素含量及 Si 元素含量提出明确的要求，即 Si 元素按照 6016 合金成分范围的上限配比，同时，不添加 Cu 元素，以此实现合金固液相变区间的窄化。热轧法对于合金成分无特殊要求。

在制备铸轧板坯时，其铸轧区长度设置为 48mm，铝熔体温度为 680～700℃，铸轧速度为 140mm/min，可以获得厚度为 6.5mm 的 6016 铝合金铸轧板坯。根据第 4 章的研究结论，采用非对称轧制，其工艺为异速比 1.8，道次压下量 0.2mm，道次间绕 RD 旋转 180°，将坯料冷轧至 1.0mm，共需轧制 27 个道次。对于热轧法制造冷轧板坯，需要经过熔铸、均质处理、铸锭精整、热轧开坯及中间退火处理，具体工艺参数见 7.1.1 节及表 7-6。将热轧后的板坯经冷轧处理，最终获得了 1.0mm 的冷轧态板材，该轧制过程共需 24 个道次。

表 7-5　铸轧法与热轧法制备 6016 铝板工艺对比

序号	制造工艺流程	工艺及性能	
		热轧法制造铝板 （工程化制造）	铸轧法制造铝板 （实验室研究）
1	合金成分方案	Si：1.0%～1.5% Mg：0.25%～0.60% Cu：0.20% Fe：0.50% Mn：0.16% 其余为 Al	Si：1.5% Mg：0.25%～0.60% Fe：0.50% Mn：0.16% 不含 Cu 其余为 Al
2	冷轧坯料制备	半连续制造制备铸锭→铸锭均质处理→铸锭精整→热轧开坯（17 个道次）→中间退火（热轧工艺如表 7-6 所示），获得坯料厚度为 6.0mm（具体工艺参数见 7.1.1）	铸轧（具体工艺参数见第 2 章），获得坯料厚度为 6.5mm
3	冷轧	板材经 4 个道次从 6.0mm 对称轧制到 1.0mm	铸轧坯料以异速比为 1.8，道次间绕轧制方向旋转 180°，道次压下量为 0.2mm，共 27 个道次
4	热处理	固溶工艺：540℃×30min 预时效工艺：100℃×20min 烤漆硬化工艺：185℃×20min	固溶工艺：550℃×30min 预时效工艺：90℃×40min 烤漆硬化工艺：185℃×20min
5	成形性能与 烤漆硬化性能	r 值：0.59 $\Delta\sigma_s$：约 100MPa	r 值：0.98 $\Delta\sigma_s$：约 100MPa

表 7-6 热轧法制造 6016 铝板轧制工艺参数

道次	轧前板厚/mm	轧后板厚/mm	道次压下量/mm	加工率/%
1	400	380	20	5.00
2	380	360	20	5.26
3	360	340	20	5.55
4	340	310	30	8.82
5	310	280	30	9.67
6	280	250	30	10.7
7	250	230	30	12.0
8	230	200	30	13.0
9	200	170	30	15.0
10	170	140	30	17.6
11	140	110	30	21.4
12	110	95	15	13.6
13	95	80	15	15.7
14	80	65	15	18.7
15	65	50	15	23.0
16	50	35	15	30.0
17	35	25	10	28.5
18	25	15	10	40.0
19	15	9	6	40.0
20	9	6	3	33.3
21	6	4	2	33.3
22	4	2.5	1.5	37.5
23	2.5	1.7	0.8	32.0
24	1.7	1.0	0.7	41.1

获得的板材分别进行固溶水冷处理，同时，根据第 6 章获得的最佳预时效工艺，将板材进行预时效处理。对铸轧法制造的板材和热轧法制造的板材分别进行 r 值和烤漆硬化性能测试，实验结果表明，经铸轧—非对称轧制—热处理后板材具有优异的成形性能和烤漆硬化性能。因此，本书初步实现了

铸轧法制造高性能的6016铝合金汽车车身板。

综合对比热轧法与铸轧法制造6016铝板的工艺，从制造工艺的角度分析，热轧法制造板材比铸轧法多了铸锭制备、热轧开坯以及中间退火等环节，使得设备、人员及能耗需求较铸轧法要高。此外，热轧法完成铸锭塑性变形共需24个道次，且在热轧过程中对于轧机的吨位要求较高；而铸轧坯料在非对称轧制时，由于道次压下量较小导致轧制次数较多，共需27个道次，但是该变形在室温条件下完成，且板厚较小，对轧机吨位的要求不高。因此，虽然本书研究得出的非对称轧制工艺所需的轧制道次多于热轧板，但从综合角度对比，铸轧法制造体现出了低成本优势。此外，在后续的研究中，还可以继续探究更大道次压下量与非对称轧制工艺（异速比、轧制方式等）对板材剪切变形及剪切织构的协同调控作用，减少轧制道次的同时提高板材的成形性能，最终实现铸轧法制造的低成本高性能6016铝合金汽车车身板。

7.4 本章小结

本章通过对比铸轧法制造与热轧法制造6016铝合金板材的成形性能和烤漆硬化性能，完成了铸轧法制造6016铝合金汽车车身板性能的评价。主要结论如下：

(1)铸轧法制造的6016铝合金板材，通过预回复优化对称轧制板材的组织与织构，使得板材的成形性能与热轧法制造6016铝合金板材的成形性能相当，$\bar{r}$值均为0.56；通过非对称轧制6016铝合金铸轧板坯，优化了板材的组织与织构组态，板材的成形性能$\bar{r}$值提升至0.98，铝板与IF钢板间的成形性能(1.39)差值显著缩小。

(2)铸轧法制造的6016铝合金板材，经预时效处理后，预回复优化处理的对称轧制板材和非对称轧制板材的烤漆硬化性能与热轧法制造的板材相当，$\Delta\sigma_s$可以达到100MPa左右，显著优于IF钢板的烤漆硬化性能(40～60MPa)。

参考文献

［1］环境保护部. 轻型汽车污染物排放限值及测量方法（中国第六阶段）：GB 18352. 6—2016［S］. 北京：中国标准出版社，2016.

［2］DIERINGA H，DAS S，ESKIN D，et al. Twin-Roll casting after intensive melt shearing and subsequent rolling of an AM30 magnesium alloy with addition of CaO and SiC［J］. Materials Science Forum，2015，828-829：35-40.

［3］王登峰. 中国汽车轻量化发展-战略与路径［M］. 北京：北京理工大学出版社，2015.

［4］郑晖，赵曦雅. 汽车轻量化及铝合金在现代汽车生产中的应用［J］. 锻压技术，2016，41（02）：6-11.

［5］KANEKO K，HAYASHI S，MOCHIZUKI A，et al. Development of galvanized aluminum alloy sheet for body panels［J］. Jsae Review，1994，15：367-371.

［6］COLE G S，SHERMAN A M. Light Weight Materials for Automotive Applications［J］. Materials Characterization，1995，35：3-9.

［7］SHAO H B，HUANG Y C，LIU Y，et al. Structural stabilities and thermal properties of η'-$Mg_2Zn_{5-x}Al_{2+x}$ and η-$MgZn_2$ phase in Al-Zn-Mg alloy：first-principles calculation and quasi-harmonic Debye approximation［J］. Journal of materials research and technology，2021，10：840-852.

［8］REN X W，HUANG Y C，et al. Influence of shear deformation during asymmetric rolling on the microstructure，texture，and mechanical properties of the AZ31B magnesium alloy sheet[J]. Materials Science & Engineering:A,2020,800:140306.

[9] MILLER W S,ZHUANG L,BOTTEMA J,et al. Recent development in aluminium alloys for the automotive industry[J]. Materials Science & Engineering:A,2000,280:37-49.

[10] OLIVIERI G,ROMANI A,NERI P. Environmental and economic analysis of aluminium recycling through life cycle assessment[J]. International Journal of Sustainable Development & World Ecology,2006,13:269-276.

[11] REN X W,HUANG Y C,et al. Evolution of shear texture during the asymmetric rolling and its annealing behavior in a twin-roll casting AA6016 sheet:an ex-situ electron backscatter diffraction study[J]. Journal of Materials Research and Technology,2020,9(3):6420-6433.

[12] 王孟君,黄电源,姜海涛. 汽车用铝合金的研究进展[J]. 金属热处理,2006,31(09):34-38.

[13] 任贤魏,崔旭,赵熹. 应力时效影响 Al-10Zn-3Mg-3Cu 合金带外纵筋筒形件组织性能研究[J]. 精密成形工程,2024,16(3):76-85.

[14] RL W. The importance of directionality in drawing quality sheet steel[J]. Transaction ASM,1960,52:154.

[15] ND L. Relation between limiting drawing ratio and plastic strain ratio[J]. J. Materials Science Letters,1984,3:677-680.

[16] 唐建国. FCC 金属不均匀滑移变形的织构多晶体有限元模拟[D]. 长沙:中南大学,2006.

[17] 陈亮. 非对称轧制汽车车身用 AA6016 铝板的织构演变及成形性能研究[D]. 长沙:中南大学,2015.

[18] SIMÕES V M,OLIVEIRA M C,LAURENT H,et al. The punch speed influence on warm forming and springback of two Al-Mg-Si alloys[J]. Journal of Manufacturing Processes,2019,38:266-278.

[19] MUHAMMAD W,KANG J,BRAHME A P,et al. Bendability enhancement of an age-hardenable aluminum alloy:Part I-relationship between

microstructure, plastic deformation and fracture[J]. Materials Science and Engineering: A, 2019, 753: 179-191.

[20] JIN S, NGAI T, LI L, et al. Influence of natural aging and pre-treatment on the precipitation and age-hardening behavior of Al-1.0Mg-0.65Si-0.24Cu alloy[J]. Journal of Alloys and Compounds, 2018, 742: 852-859.

[21] JIANG S, WANG R. Grain size-dependent Mg/Si ratio effect on the microstructure and mechanical/electrical properties of Al-Mg-Si-Sc alloys[J]. Journal of Materials Science & Technology, 2019, 35: 1354-1363.

[22] WIDIANTARA I P, YANG H W, KIM M J, et al. Plastic anisotropy calculation of severely-deformed Al-Mg-Si alloy considering texture changes in electron backscatter diffraction[J]. Journal of Materials Science & Technology, 2019, 35: 1439-1443.

[23] A B M. ALURU PRAVEEN SEKHAR, DEBDULAL DAS. Mechanical properties and corrosion behavior of artificially aged Al-Mg-Si alloy[J]. Journal of Materials Research and Techonlogy, 2020, 9: 1005-1024.

[24] LAI Y X, FAN W, YIN M J, et al. Structures and formation mechanisms of dislocation-induced precipitates in relation to the age-hardening responses of Al-Mg-Si alloys[J]. Journal of Materials Science & Technology, 2020, 41: 127-138.

[25] LI C, LIU K, CHEN X G. Improvement of elevated-temperature strength and recrystallization resistance via Mn-containing dispersoid strengthening in Al-Mg-Si 6082 alloys[J]. Journal of Materials Science & Technology, 2020, 39: 135-143.

[26] LIU Z T, WANG B Y, WANG C, et al. Microstructure and mechanical properties of Al-Mg-Si alloy fabricated by a short process based on sub-rapid solidification[J]. Journal of Materials Science & Technology, 2020, 41: 178-186.

[27] LU G, NIE S, WANG J, et al. Enhancing the bake-hardening responses of a pre-aged Al-Mg-Si alloy by trace Sn additions[J]. Journal of

Materials Science & Technology,2020,40:107-112.

[28] LU Q,LI K,CHEN H,et al. Simultaneously enhanced strength and ductility of 6××× Al alloys via manipulating meso-scale and nano-scale structures guided with phase equilibrium[J]. Journal of Materials Science & Technology,2020,41:139-148.

[29] SUNDE J K,MARIOARA C D,HOLMESTAD R. The effect of low Cu additions on precipitate crystal structures in overaged Al-Mg-Si (-Cu) alloys[J]. Materials Characterization,2020,160:110087.

[30] XU XUEHONG, CHI SHUIQING, GUO XIAOBIN. Effect of interrupted ageing treatment on the mechanical properties and intergranular corrosion behavior of Al-Mg-Si alloys[J]. Journal of Materials Research and Techonlogy,2020,9:230-241.

[31] SIDOR J, MIROUX A, PETROV R, et al. Microstructural and crystallographic aspects of conventional and asymmetric rolling processes [J]. Acta Materialia,2008,56:2495-2507.

[32] REN X W, HUANG Y C, et al. Inhomogeneity shear texture F {111}<112> in a twin-roll cast AA6016 sheet after asymmetric rolling and its recrystallization behavior,Journal of Materials Research and Technology [J]. Journal of Materials Research and Technology,2021,10:1323-1338.

[33] LIU W,MA M,YANG F. Effect of the heat treatment on the cube recrystallization texture of Al-Mn-Mg aluminum alloy[J]. Metallurgical and Materials Transactions A,2013,44:2857-2868.

[34] MISZCZYK M M,PAUL H. Cube texture formation during the early stages of recrystallization of Al-1%wt. Mn and AA1050 aluminium alloys[J]. IOP Conference Series:Materials Science and Engineering,2015,89:012-036.

[35] ENGLER O. Mechanisms of recrystallization texture formation in aluminum alloys[J]. Scripta metallurgica et materialia,1992,27:1527-1532.

[36] ENGLER O. The roles of oriented nucleation and oriented growth

on recrystallization textures in commercial purity aluminium[J]. Materials Science and Engineering A,1996,205:187-198.

[37] ENGLER O, HIRSCH J. Texture control by thermomechanical processing of AA6××× Al-Mg-Si sheet alloys for automotive applications-a review[J]. Materials Science and Engineering:A,2002,336:249-262.

[38] VATNE H E, FURU T, NES E. Nucleation of recrystallised grains from cube bands in hot deformed commercial purity aluminium[J]. Materials Science and Technology,1996,12:201-210.

[39] REN X,HUANG Y,ZHOU W,et al. Influence of pre-recovery on recrystallization behavior,microstructure and mechanical properties of twin-roll cast AA6016 sheet[J]. Materials Science and Engineering:A,2019,764:138159.

[40] HU J,IKEDA K,MURAKAMI T. Effect of texture components on plastic anisotropy and formability of aluminium alloy sheets[J]. Journal of Materials Processing Technology,1998,73:49-56.

[41] UTSUNOMIYA H, UENO T, SAKAI T. Improvement in the r-value of aluminum sheets by differential-friction rolling [J]. Scripta Materialia,2007,57(12):1109-1112.

[42] UTSUNOMIYA H. Novel ultra-high straining process for bulk materials—development of the accumulative roll-bonding(ARB) process[J]. 1999,47(2):579-583.

[43] SIDOR J J, PETROV R H, KESTENS L A I. Modeling the crystallographic texture changes in aluminum alloys during recrystallization [J]. Acta Materialia,2011,59:5735-5748.

[44] KIM K H, LEE D N. Analysis of deformation textures of asymmetrically rolled aluminum sheets [J]. Acta Materialia, 2001, 49: 2583-2595.

[45] KIM H K,CHO J H,LEE J C. High-formability Al alloy sheet produced by asymmetric rolling of strip-cast sheet[J]. Materials Science &

Engineering A,2013,574:1-36.

[46] REN X W, HUANG Y C, et al. Effect of homogenization on microstructure and properties of Al-Mg-Si roll-casting sheet[J]. Physics of Metals and Metallography,2018,119:789-796.

[47] 司开田. 铸轧 PS 版铝板基研究[D]. 沈阳:东北大学,2005.

[48] 湛利华. 铝合金连续铸轧过程流变行为研究及热-力耦合分析[D]. 长沙,中南大学,2005.

[49] KIM M S A, YOSHIYUKI, HORI, YASUHARU. Formation of Internal Crack in High-Speed Twin-Roll Cast 6022 Aluminum Alloy Strip [J]. Materials transactions,2010,51.

[50] SUN K M, LI L, CHEN S D, et al. A new approach to control centerline macrosegregation in Al-Mg-Si alloys during twin roll continuous casting[J]. Materials Letters,2017,190:205-208.

[51] GRYDIN O S, MYKHAILO, SCHAPER. Deformation Zone Length and Plastic Strain in Twin-Roll Casting of Strips of Al-Mg-Si Alloy [J]. JOM,2017,69:2648-2652.

[52] GRYDIN O S, MYKHAILO, BAUER, et al. Asymmetric Twin-Roll Casting of an Al-Mg-Si-Alloy[J]. Materials Science Forum,2018,918:48-53.

[53] ZUHAILAWATI H Y, MASYITAH MT. The Role of Roller Speed on Solidification of Al-Mg-Si Alloy during Twin Roll Strip Casting [J]. Materials Science Forum,2015,819:15-19.

[54] HUANG Y C, YAN X Y, QIU T. Microstructure and mechanical properties of cryo-rolled AA6061 Al alloy[J]. Transactions of Nonferrous Metals Society of China,2016,26:12-18.

[55] HUANG Y C, LIU Y, LI Q, et al. Relevance between microstructure and texture during cold rolling of AA3104 aluminum alloy [J]. Journal of Alloys and Compounds,2016,673(15)383-389.

[56] REN X W, HUANG Y, LIU Y. Cryorolling-induced texture,

mechanical properties and fracture behavior of Al-Mg-Si alloys during cold deformation[J]. Journal of Materials Engineering and Performance, 2018, 27:3932-3939.

[57] REN X W, HUANG Y, LI Y. Effect of prestraining and preaging on properties of Al-Mg-Si alloys before and after plane baking[J]. Journal of Materials Engineering and Performance, 2019, 28:4496-4501.

[58] FANGHUA SHEN, BIN WAN, HUIQUN LIU, et al. Semi-quantitative evaluation of texture components and anisotropy of the yield strength in 2524 T3 alloy sheets[J]. Materials Science & Engineering: A, 2016, 675:386-395.

[59] SHEN F, WANG B, LIU H, et al. Effects of secondary particle-induced recrystallization on fatigue crack growth in AA2524/Al Cu Mg T3 alloy sheets[J]. Journal of Alloys and Compounds, 2016, 685:571-580.

[60] SHEN F, WANG B, YI D, et al. Effects of heating rate during solid-solution treatment on microstructure and fatigue properties of AA2524 T3 Al-Cu-Mg sheet[J]. Materials & Design, 2016, 104:116-125.

[61] SHEN F, YI D, JIANG Y, et al. Semi-quantitative evaluation of texture components and fatigue properties in 2524 T3 aluminum alloy sheets [J]. Materials Science and Engineering: A, 2016, 657:15-25.

[62] ZHANG J, MA M, SHEN F, et al. Influence of deformation and annealing on electrical conductivity, mechanical properties and texture of Al-Mg-Si alloy cables[J]. Materials Science and Engineering: A, 2018, 710: 27-37.

[63] SHEN F, ZHOU Z, LI W, et al. Micro-mechanism of texture evolution during isochronal annealing of as-annealed hot rolled Al-Cu-Mg sheet[J]. Materials & Design, 2019, 165:107575.

[64] 毛卫民，张新明. 晶体材料织构定量分析[M]. 北京：冶金工业出版社，1993.

[65] BINTU A, VINCZE G, PICU R C, et al. Effect of symmetric and

asymmetric rolling on the mechanical properties of AA5182[J]. Materials & Design,2016,100:151-156.

[66] LI S,NAN Q,JIE L,et al. Microstructure,texture and mechanical properties of AA1060 aluminum plate processed by snake rolling[J]. Materials & Design,2016,90:1010-1017.

[67] SAITO Y,UTSUNOMIYA H,SUZUKI H,et al. Improvement in the r-value of aluminum strip by a continuous shear deformation process[J]. Scripta Materialia,2000,42:1139-1144.

[68] SAKAI T,HAMADA S,SAITO Y. Improvement of the r-value in 5052 aluminum alloy sheets having through-thickness shear texture by 2-pass single-roll drive unidirectional shear rolling[J]. Scripta Materialia,2001,44:2569-2573.

[69] CHINO Y,HUANG X,SUZUKI K,et al. Variation in Texture and Lankford Value of 1070 Aluminum Sheet Rolled by Cone-shaped Roll[J]. Journal of Materials Science & Technology,2013,29:175-179.

[70] CHEN J,TANG J G,LIU S D,et al. Through-thickness strain and texture gradients of Al-Mg-Si-Cu alloy sheets produced by snake rolling[J]. Applied Mechanics & Materials,2014,628:79-83.

[71] YANG J,LI S,JIE L,et al. Finite element analysis of bending behavior and strain heterogeneity in snake rolling of AA7050 plates using a hyperbolic sine-type constitutive law[J]. Journal of Materials Processing Technology,2017,240:274-283.

[72] LEE J K. Texture control and grain refinement of AA1050 Al alloy sheets by asymmetric rolling[J]. International Journal of Mechanical Sciences,2008,50:869-887.

[73] MA C,HOU L,ZHANG J,et al. Influence of thickness reduction per pass on strain,microstructures and mechanical properties of 7050 Al alloy sheet processed by asymmetric rolling[J]. Materials Science and Engineering:A,2016,650:454-468.

[74] SACHS G. Zeitschrift des Vereines Deutscher Ingenieure[J]. Zur Ableitung einer Fliebedingung,1928,72:734-736.

[75] Taylor GI. Journal of the Institute of Metals[J]. Plastic strain in metals,1938,72:307-324.

[76] WU P D, NEALE K W, VAN DER GIESSEN E. On crystal plasticity FLD analysis[J]. Proceedings Mathematical Physical & Engineering Sciences,1997,453:1831-1848.

[77] LEE C S,DUGGAN B J. A simple theory for the development of inhomogeneous rolling textures[J]. Metallurgical Transactions A,1991,22: 2637-2643.

[78] KRÖNER E. Berechnung der elastischen Konstanten des Vielkristalls aus den Konstanten des Einkristalls[J]. Zeitschrift Für Physik, 1958,151:504-518.

[79] LEBENSOHN R A, TOMÉ C N. A self-consistent anisotropic approach for the simulation of plastic deformation and texture development of polycrystals: Application to zirconium alloys[J]. Acta Metallurgica Et Materialia,1993,41:2611-2624.

[80] GU C F,TÓTH L S,LAPOVOK R,et al. Texture evolution and grain refinement of ultrafine-grained copper during micro-extrusion[J]. Philosophical Magazine,2011,91:263-280.

[81] S. H. CHOI, J. C. BREM, F. BARLAT, et al. Macroscopic anisotropy in AA5019A sheets[J]. Acta Materialia,2000,48:1853-1863.

[82] KHAN A S, PANDEY A, MISHRA R K, et al. Mechanical response and texture evolution of AZ31 alloy at large strains for different strain rates and temperatures[J]. 2011,27:688-706.

[83] SIGNORELLI J W, BERTINETTI M A. On the role of constitutive model in the forming limit of FCC sheet metal with cube orientations[J]. International Journal of Mechanical Sciences, 2009, 51: 473-480.

[84] MA Q,MAO W,LI B,et al. Substructure and Texture Evolution in an Annealed Aluminum Alloy at Medium Strains[J]. Metallurgical and Materials Transactions A,2013,44:4404-4415.

[85] TAMIMI S,CORREIA J P,LOPES A B,et al. Asymmetric rolling of thin AA-5182 sheets: Modelling and experiments[J]. Materials Science and Engineering:A,2014,603:150-159.

[86] MISHIN O V,BAY B,JENSEN D J. Through-thickness texture gradients in cold-rolled aluminum [J]. Metallurgical and Materials Transactions A (Physical Metallurgy and Materials Science), 1999, 31: 1653-1662.

[87] GHOSH M,MIROUX A,KESTENS L A I. Correlating r-value and through thickness texture in Al-Mg-Si alloy sheets[J]. Journal of Alloys and Compounds,2015,619:585-591.

[88] ROUMINA R, SINCLAIR C W. Deformation geometry and through-thickness strain gradients in asymmetric rolling[J]. Metallurgical & Materials Transactions A,2008,39:2495-2503.

[89] MISHIN O V,BAY B,WINTHER G,et al. The effect of roll gap geometry on microstructure in cold-rolled aluminum[J]. Acta Materialia, 2004,52:5761-5770.

[90] CHANG HEE CHOI J W K,KYU HWAN OH,DONG NYUNG LEE. Analysis of deformation texture inhomogeneity and stability condition of shear components in f. c. c. metals[J]. Acta mater. ,1997,45:5119-5128.

[91] DELANNAY L,MISHIN O V,JENSEN D J,et al. Quantitative analysis of grain subdivision in cold rolled aluminium[J]. Acta Materialia, 2001,49:2441-2451.

[92] LIU W C, ZHAI P P. Characterization of microstructures near grain boundary in hot deformed AA 3104 aluminum alloy [J]. Materials Characterization,2011,62:81-89.

[93] BIROL Y. Twin-roll cast Al-Mg-Si sheet for automotive

applications[J]. Zeitschrift für Metallkunde,2004,95:381-386.

[94] MORI K M S,ISHIGURO M. Improvement of product strength and formability in stamping of Al-Mg-Si alloy sheets having bake hardenability by resistance heat and artificial aging treatments[J]. International Journal of Machine Tools and Manufacture,2006,46:1966-1971.

[95] REN X W, HUANG Y C, et al. Effect of Zr addition on microstructure and properties of Al-Sn-Cu based alloy[J]. Physics of Metals and Metallography 2019,120:694-701.

[96] BIROL Y. Reversion Treatment to Improve Bake Hardening Response of a Twin-Roll Cast 6016 Automotive Sheet[J]. Materials Science Forum,2007,539-543:345-350.

[97] PEROVIC A, PEROVIC D D, WEATHERLY G C, et al. Precipitation in aluminum alloys AA6111 and AA6016 [J]. Scripta Materialia,1999,41:703-708.

[98] LAI Y X, FAN W, YIN M J, et al. Structures and formation mechanisms of dislocation-induced precipitates in relation to the age-hardening responses of Al-Mg-Si alloys[J]. Journal of Materials Science & Technology,2019.

[99] LU G, NIE S, WANG J, et al. Enhancing the bake-hardening responses of a pre-aged Al-Mg-Si alloy by trace Sn additions[J]. Journal of Materials Science & Technology,2019.

[100] BIROL Y. Pre-straining to improve the bake hardening response of a twin-roll cast Al-Mg-Si alloy[J]. Scripta Materialia,2005,52:169-173.

[101] BIROL Y. Pre-aging to improve bake hardening in a twin-roll cast Al-Mg-Si alloy [J]. Materials Science and Engineering: A, 2005, 391: 175-180.

[102] BIROL Y. Bake hardening of twin roll cast Al-Mg-Si sheet[J]. Materials Science and Technology,2005,21:153-158.

[103] BIROL Y. Effect of natural ageing on the performance of pre-

ageing to improve bake-hardening response of a twin-roll cast Al-Mg-Si alloy [J]. Zeitschrift für Metallkunde,2005,96:380-384.

[104] DAS S, LIM N S, KIM H W, et al. Effect of rolling speed on microstructure and age-hardening behaviour of Al-Mg-Si alloy produced by twin roll casting process[J]. Materials & Design,2011,32:4603-4607.

[105] SLÁMOVÁ M, JANEČEK M, Cieslar M. Effect of low temperature stabilisation on the precipitation of a continuously cast Al-Mg-Si alloy[J]. Materials Science and Engineering: A,2007,462:375-379.

[106] SLÁMOVÁ M, JANEČEK M, M. CIESLAR, et al. Effect of Quenching Temperature on Age Hardening of AA6016 Sheets[J]. Materials Science Forum,2007,567-568:333-336.

[107] CAHN J W. The kinetics of grain boundary nucleated reactions [J]. Acta Metallurgica,1956,4:449-459.

[108] GORDON, VANDERMEER R A. Grain Boundary Migration[J]. Grain Boundary Migration,1965.

[109] DILLAMORE I L, KATOH H. The mechanisms of recrystallization in cubic metals with particular reference to their orientation-dependence[J]. Metal Science,1974,8:73-83.

[110] SAMAJDAR I, DOHERTY R D. Cube recrystallization texture in warm deformed aluminum: understanding and prediction [J]. Acta Materialia,1998,46:3145-3158.

[111] ENGLER O. On the influence of orientation pinning on growth selection of recrystallisation[J]. Acta Materialia,1998,46:1555-1568.

[112] BRAHME A, ALVI M H, SAYLOR D, et al. 3D reconstruction of microstructure in a commercial purity aluminum[J]. Scripta Materialia, 2006,55:75-80.

[113] JUUL JENSEN D. Growth rates and misorientation relationships between growing nuclei/grains and the surrounding deformed matrix during recrystallization[J]. Acta Metallurgica et Materialia,1995,43:4117-4129.

[114] GATTI J R, BHATTACHARJEE P P. Effect of prior recovery treatment on the evolution of cube texture during annealing of severely warm-rolled Al-2. 5 wt pctMg alloy [J]. Metallurgical and Materials Transactions A, 2015, 46: 4966-4977.

[115] HUANG K, ZHANG K, MARTHINSEN K, et al. Controlling grain structure and texture in Al-Mn from the competition between precipitation and recrystallization[J]. Acta Materialia, 2017, 141: 360-373.

[116] HUANG L, HUANG G, CAO L, et al. Influence of pre-recovery on the subsequent recrystallization and mechanical properties of a twin-roll cast Al-Mn alloy[J]. Materials Science and Engineering: A, 2017, 682: 63-72.

[117] ENGLER O, TOMé C N, HUH M Y. A study of through-thickness texture gradients in rolled sheets[J]. Metallurgical & Materials Transactions A, 2000, 31: 2299-2315.

[118] LIU J, BANOVIC S W, BIANCANIELLO F S, et al. Through-thickness texture gradient in an annealed Al-Mg alloy sheet [J]. Metallurgical & Materials Transactions A, 2005, 36: 869-874.

[119] MISHIN O V, BOWEN J R. Through-thickness variations of deformed and annealed microstructures in ECAE-processed copper [J]. Metallurgical and Materials Transactions A, 2009, 40: 1684-1692.

[120] LIU J, BANOVIC S W, BIANCANIELLO F S, et al. Through-Thickness Texture Inhomogeneity in a Recrystallized Al-Mg Alloy [J]. Scripta Materialia, 2005.

[121] SIDOR J J, PETROV R H, KESTENS L A I. Microstructural and texture changes in severely deformed aluminum alloys [J]. Materials Characterization, 2011, 62: 228-236

[122] WU P D, LLOYD D J, BOSLAND A, et al. Analysis of roping in AA6111 automotive sheet[J]. Acta Materialia, 2003, 51: 1945-1957.

[123] BENNETT T A, PETROV R H, KESTENS L A I, ZHUANG L Z, SMET P DE. The effect of particle-stimulated nucleation on texture

banding in an aluminium alloy, Scripta Materialia, 63(2010) 461-464.

[124] BENNETT T A, PETROV R H, KESTENS L A I. Effect of particles on texture banding in an aluminium alloy[J]. Scripta Materialia, 2010, 62:78-81.

[125] BENNETT T A, PETROV R H, KESTENS L A I. Texture-induced surface roping in an automotive aluminium sheet [J]. Scripta Materialia, 2009, 61:733-736.

[126] BACZYNSKI G J, GUZZO R, BALL M D, et al. Development of roping in an aluminum automotive alloy AA6111[J]. Acta Materialia, 2000, 48:3361-3376.

[127] LIU W C, MORRIS J G. Effect of pre-treatment on recrystallization and recrystallization textures of cold rolled CC AA 5182 aluminum alloy[J]. Materials Science and Engineering: A, 2003, 363:253-262.

[128] DECREUS B, ZUROB H S, DUNLOP J. Effect of Low-Temperature Recovery Treatments on Subsequent Recrystallization in Al-2.5%Mg[J]. Materials Science Forum, 2007, 550:381-386.

[129] GATTI J R, BHATTACHARJEE P P. Nucleation behavior and formation of recrystallization texture in pre-recovery treated heavily cold and warm-rolled Al-2.5 wt.% Mg alloy[J]. Materials Characterization, 2015, 106:141-151.

[130] JIN H, LLOYD D J. Evolution of texture in AA6111 aluminum alloy after asymmetric rolling with various velocity ratios between top and bottom rolls[J]. Materials Science and Engineering: A, 2007, 465:267-273.

[131] ENGLER O, HUH M Y. Formation of {111} fiber texture in recrystallized aluminum sheet[J]. Materials Science and Technology, 2001, 17:75-87.

[132] WRONSKI S, BACROIX B. Microstructure evolution and grain refinement in asymmetrically rolled aluminium[J]. Acta Materialia, 2014, 76:404-412.

[133] JIN H, LLOYD D J. The reduction of planar anisotropy by texture modification through asymmetric rolling and annealing in AA5754 [J]. Materials Science and Engineering:A,2005,399:358-367.

[134] GUPTA A K, LLOYD D J. Study of precipitation kinetics in a super purity Al-0. 8 pct Mg-0. 9 pct Si alloy using differential scanning calorimetry [J]. Metallurgical and Materials Transactions A, 1998, 30: 879-884.

[135] QIN J, DAI W, Ren X W, et al. Investigation of W phase crystal structure and evolution mechanism based on Al-Cu-Sc alloy during homogenization[J]. Materials Characterization,2024,207:113536.

[136] ZHANG X Y, REN X W, HUANG Y C, et al. Interfacial properties and fracture behavior of the L12-Al3Sc | | Al interface: Insights from a first-principles study[J]. Applied Surface Science,2020,515:145017.

[137] ZHONG H, ROMETSCH P A, WU X, et al. Influence of pre-ageing on the stretch formability of Al-Mg-Si automotive sheet alloys[J]. Materials Science & Engineering:A,2017,697(14)79-85.

[138] MADANAT M, LIU M, BANHART J. Reversion of natural ageing in Al-Mg-Si alloys[J]. Acta Materialia,2018,159:163-172.

[139] DUTTA I, ALLEN S M. A calorimetric study of precipitation in commercial aluminium alloy 6061[J]. Journal of Materials Science Letters, 1991,10:323-326.

[140] EDWARDS G A, STILLER K, DUNLOP G L, et al. The Precipitation Sequence in Al-Mg-Si Alloys[J]. Acta Materialia, 1998, 46: 3893-3904.

[141] REN X W, ZHANG J L, ZHANG Z M, et al. Influence of the solid solution duration on the microstructure and mechanical properties of the Al-10. 0Zn-3. 0Mg-2. 5Cu alloy[J]. Materials Science And Engineering A,2024,869:146299.

[142] CHAKRABARTI D J, LAUGHLIN D E. Phase relations and

precipitation in Al-Mg-Si alloys with Cu additions[J]. Progress in Materials Science, 2004, 49: 389-410.

[143] RAVI C, WOLVERTON C. First-principles study of crystal structure and stability of Al-Mg-Si-(Cu) precipitates[J]. Acta Materialia, 2004, 52(14)4213-4227.

[144] ANDERSEN S J, MARIOARA C D, VISSERS R, et al. Crystal structure of the orthorhombic U2-Al4Mg4Si4 precipitate in the Al-Mg-Si alloy system and its relation to the β′ and β″ phases[J]. Materials Science and Engineering: A, 2005, 390: 127-138.

[145] REN X W, ZHANG Y X, ZHAO X, et al. Influence of overlap precipitate on the strength-ductility synergy of the Al-10. 0Zn-3. 0Mg-2. 5Cu alloy with a new aging strategy[J]. Journal of Materials Research and Technology, 2023, 23: 2730-2739.

[146] ARUGA Y, KOZUKA M, TAKAKI Y, et al. Effects of natural aging after pre-aging on clustering and bake-hardening behavior in an Al-Mg-Si alloy[J]. Scripta Materialia, 2016, 116: 82-86.

[147] ENGLER O, MARIOARA C D, ARUGA Y, et al. Effect of natural ageing or pre-ageing on the evolution of precipitate structure and strength during age hardening of Al-Mg-Si alloy AA 6016[J]. Materials Science and Engineering: A, 2019, 759: 520-529.

[148] MURAYAMA M, HONO K, SAGA M, et al. Atom probe studies on the early stages of precipitation in Al-Mg-Si alloys[J]. Materials Science & Engineering: A, 1998, 250: 127-132

[149] ANDERSEN S J, ZANDBERGEN H W, JANSEN J, et al. The crystal structure of the β″ phase in Al-Mg-Si Alloys[J]. Acta Materialia, 1998, 46: 3283-3298.

[150] WANG S Q, ZHAO X, REN X W, et al. Hot Deformation Behavior and Processing Map Considering Strengthening Effect for Al-10. 0Zn-3. 0Mg-2. 8Cu Alloy[J]. Materials, 2023, 16: 1880-1895.

[151] VISSERS R, HUIS M A V, JANSEN J, et al. The crystal structure of the β′ phase in Al-Mg-Si alloys[J]. Acta Materialia, 2007, 55: 3815-3823.

[152] ANDERSEN S J, MARIOARA C D, VISSERS R, et al. Crystal structure of the orthorhombic U2-Al4Mg4Si4 precipitate in the Al-Mg-Si alloy system and its relation to the β′ and β″ phases[J]. Materials Science & Engineering: A, 2005, 390: 127-138.

[153] TAKAKI Y, ARUGA Y, KOZUKA M, et al. Effects of Pre-Aging and Natural Aging on Bake Hardening Behavior in Al-Mg-Si Alloys [J]. Materials Science Forum, 2014.

[154] SHEN C H. Pre-treatment to improve the bake-hardening response in the naturally aged Al-Mg-Si alloy [J]. Journal of Materials Science & Technology, 2011, 3: 15-22.

[155] BUHA J, LUMLEY R N, CROSKY A G, et al. Secondary precipitation in an Al-Mg-Si-Cu alloy [J]. Acta Materialia, 2007, 55: 3015-3024.

[156] 王也君. 热处理对车身 6016 铝合金板材析出行为及组织性能的影响[D]. 长沙:中南大学,2017

[157] 李莹. 固溶-深冷处理对 6010 合金组织性能的影响[D]. 长沙:中南大学,2018.

[158] 邱涛. 汽车车身用 Al-Mg-Si 合金板材预处理工艺研究[D]. 长沙:中南大学,2016.

[159] 王敏. 预时效对 6×××系铝合金汽车车身板材烤漆硬化性能影响的机理[D]. 沈阳:东北大学,2014.

[160] 刘振兴. 6101 铝合金的时效热处理研究[D]. 长沙:中南大学,2013.

[161] 王小宁. 预时效及微合金化对汽车车身用 6022 合金组织和性能的研究[D]. 长沙:中南大学,2010.

[162] 徐欢欢. 预应变及预时效对 Al-Mg-Si-Cu 合金自然时效及烘烤硬

化性能的影响[D]. 重庆:重庆大学,2013.

[163] 高冠军. 汽车用 AA6016 铝合金预处理工艺与组织性能研究[D]. 沈阳:东北大学,2015.

[164] 黄元春. 高性能宽幅印刷版基铝板铸轧法制造及微结构与性能调控[D]. 长沙,中南大学,2016 年.

[165] 扶宗礼. 非对称铸轧制备 PS 铝板基的工艺与性能研究[D]. 长沙,中南大学,2013.

[166] TANG JIANGUO,ZHANG XINMING,DENG YUNLAI,et al. Texture decomposition with particle swarm optimization method [J]. Computational Materials Science,2007,38:395-399.

[167] HUMPHREYS F J, HATHERLY M. Recrystallization and related annealing phenomena[M]. 2004:121-140.

[168] JIANG F,TANG L,HUANG J,et al. Influence of equal channel angular pressing on the evolution of microstructures, aging behavior and mechanical properties of as-quenched Al-6. 6Zn-1. 25Mg alloy[J]. Materials Characterization,2019,153:1-13.

[169] HUMPHREYS F J, HATHERLY M. Recrystallization and Related Annealing Phenomena[M]. 2004:141-167.

[170] LEE D N. Maximum energy release theory for recrystallization textures[J]. Metals and Materials,1996,2:121-131.

[171] REN X W, HUANG Y, LIU Y, et al. Evolution of microstructure, texture, and mechanical properties in a twin-roll cast AA6016 sheet after asymmetric rolling with various velocity ratios between top and bottom rolls [J]. Materials Science and Engineering: A, 2020,139448.

[172] MISZCZYK M M,PAUL H,DRIVER J H,et al. The influence of deformation texture on nucleation and growth of cube grains during primary recrystallization of AA1050 alloy[J]. Acta Materialia,2017,129:378-387.

[173] RAVI C, WOLVERTON C. First-principles study of crystal

structure and stability of Al-Mg-Si-(Cu) precipitates[J]. Acta Materialia, 2004,52:4213-4227.

[174] VISSERS R, HUIS M A V, JANSEN J, et al. The crystal structure of the β′ phase in Al-Mg-Si alloys[J]. Acta Materialia, 2007, 55: 3815-3823.

[175] JACOBS M H. The structure of the metastable precipitates formed during aging of an Al-Mg-Si alloy[J]. Philosophical Magazine, 1972, 26:1-13.

[176] HE W, HUANG H, MA X. First-principles calculations on elastic and entropy properties in FeRh alloys[J]. Materials Letters, 2017, 195: 156-158.

[177] HUAN-HUAN X U, ZHANG Z Q, SAI-NAN W U, et al. Effect of pre-straining and pre-ageing on bake hardening response of Al-Mg-Si alloy[J]. Transactions of Nonferrous Metals Society of China, 2013, 23: 623-627.

[178] VISSERS R, ANDERSEN S J, MARIOARA C D, et al. The structural relation between precipitates in Al-Mg-Si alloys, the Al-matrix and diamond silicon, with emphasis on the trigonal phase U1-$MgAl_2Si_2$[J]. Materials Science and Engineering: A, 2007, 444:157-169.

[179] XU C, HE H, YU W, et al. Influence of quenching temperature on peak aging time and hardness of Al-Mg-Si-Cu alloys strengthened by nano-sized precipitates[J]. Materials Science and Engineering: A, 2019, 744: 28-35.